Maren Schneider

Ein Kurs in Selbstmitgefühl

Achtsam und liebevoll
mit sich selbst umgehen

Das 8-Wochen-Programm

O.W. BARTH

Besuchen Sie uns im Internet:
www.ow-barth.de

© 2016 O. W. Barth Verlag
Ein Imprint der Verlagsgruppe
Droemer Knaur GmbH & Co. KG, München
Alle Rechte vorbehalten. Das Werk darf – auch teilweise – nur mit
Genehmigung des Verlags wiedergegeben werden.
Illustrationen: Maren Schneider;
Abbildung CDs: Artishok/Shutterstock.com
Umschlaggestaltung: ZERO Werbeagentur GmbH, München
Umschlagabbildung: FinePic®, München/shutterstock
Satz: Adobe InDesign im Verlag
Druck und Bindung: CPI books GmbH, Leck
ISBN 978-3-426-29263-1

2 4 5 3 1

Inhalt

Einleitung 7
Gebrauchsanleitung 18

Woche 1
Mit der selbstmitfühlenden Achtsamkeit
vertraut werden 28

   Mit den Übungen:
   Die Rosinen-Meditation 42
   Der Body-Scan mit Selbstmitgefühl 62

Woche 2
Einführung in die Meditation 73

   Mit der Übung:
   Die Atemmeditation 91

Woche 3
Wohlwollend dem Körper begegnen 102

   Mit der Übung:
   Das Selbstmitgefühls-Yoga (CD) 115

Woche 4
Selbstregulation durch Mitgefühl 127

   Mit der Übung:
   Mitfühlender Atemraum 152

Woche 5
Die Macht der Gedanken heilsam nutzen 155

> Mit den Übungen:
> *Offenes Gewahrsein* 163

Woche 6
Mit sich selbst Freundschaft schließen 171

> Mit der Übung:
> *Die Selbstakzeptanz-Meditation* 179

Woche 7
Sich selbst guttun 183

> Mit den Übungen:
> *Meditation mit schwierigen Emotionen* 190
> *Die Gehmeditation* 201

Woche 8
Dein neues Leben liegt vor dir! 209

Service-Teil 219

Der 8-Wochen-Übersichtsplan 220

Dank 227

Adressen 229

Literatur 230

Inhalt der CDs 233

Quellen 234

Einleitung

Wie wundervoll, dass Sie da sind! Herzlich willkommen auf Ihrem Weg zu sich selbst. Dieses Buch hat in Ihre Hände gefunden, und das nicht ohne Grund. Wahrscheinlich haben Sie das Gefühl, dass Ihnen ein bisschen mehr Aufmerksamkeit für sich selbst guttun könnte. Und gerade wenn dem so ist, ist es eine doppelte Leistung, dass Sie sich mit diesem Buch beschäftigen: Nur wenige Menschen, denen es an Selbstmitgefühl fehlt, würden sich auf den Weg machen, dieses für sich zu erwecken. Sie wissen selbst, wie viel man sich versagt, weil man sich nicht wichtig genug nimmt, vielleicht auch Angst hat, egoistisch dazustehen. Daher ist es wirklich großartig, dass Sie sich zu diesem Buch entschlossen haben, selbst wenn sich vielleicht noch etwas Skepsis und Zweifel in Ihnen regen.

Seien Sie gewiss, Sie haben bereits all das, was in diesem Buch beschrieben wird, in sich. Es wird nur darum gehen, es hervorzulocken und Ihnen selbst (wieder) mehr und mehr einen Platz in Ihrem eigenen Leben zu geben. Und auf dieses Abenteuer mit Ihnen freue ich mich sehr.

Wie komme ich dazu, so ein Buch zu schreiben?

Die meisten Menschen, die mich heute erleben, sehen eine freundliche, ausgeglichene, sportlich wirkende Frau in den Vierzigern vor sich. Meine ältesten Freunde wissen jedoch, dass mein Leben auch mal vollkommen anders ausgesehen hat als heute. Und obwohl ich nun schon recht lange auf diesem Weg unterwegs bin, ist es ehrlich gesagt immer noch ein tagtägliches Übungsfeld, mich nicht über den Haufen zu rennen. Aber genauso ist es. Durch jahrelanges Kampfsport- und Tanztraining verfüge ich nicht nur über ein hohes Maß an Disziplin, sondern habe auch gelernt, Schmerzen auszublenden. Dabei geschah es wiederholt, dass ich Grenzen nicht nur ausgedehnt, sondern sie komplett ignoriert habe. Ich ließ mich von meinem eisernen Willen beherrschen und unterwarf mich den äußeren Anforderungen. Sie können sich vorstellen, dass dies auf Dauer wenig gesund gewesen ist und in meinem Leben auch extreme Spuren hinterlassen hat. Ich überarbeitete mich, kannte im Sport kein Maß, vergaß komplett, mich um mich selbst und meine Regeneration zu kümmern. Ein beidseitiger Hörsturz mit fünfundzwanzig Jahren stoppte mich nur kurz. Erst als ich mit einunddreißig Jahren vollständig zusammenbrach (heute heißt das »Burnout«) begann meine Entwicklung, einen gesünderen Weg zu finden und mit mir besser umzugehen.

Es war schwer. Die Praxis der Achtsamkeit hat mir dabei sehr geholfen, und dann auch zunehmend die sich mehr und mehr einstellende Sanftheit und Freundlichkeit mir selbst gegenüber, die mir vorher vollkommen gefehlt hatte. Diese Freundlichkeit, diese liebevolle Sanftheit, gepaart mit Achtsamkeit, waren es, die mich mehr und mehr nährten und regenerieren ließen und viele meiner Wunden schlossen. Trotzdem sind auch heute noch Tendenzen in mir, mit denen ich mir ganz schnell die »Hölle wieder heißmachen« und mich selbst vernachlässigen kann. Gerade wenn es mir nicht gutgeht, wenn ich Kummer habe, gestresst bin (ja auch Achtsamkeitslehrer haben manchmal Stress – das gehört zum Leben), gerate ich in Gefahr, wieder abzurutschen. Doch es wird mit jedem Jahr leichter. Ich erzähle Ihnen das, damit Sie wissen, dass ich nachvollziehen kann, wie man sich im Alltag vergessen kann und allem anderen mehr Prioritäten einräumt als sich selbst. Und ich möchte Ihnen mit diesem Buch ein Angebot machen, Sie als Freundin (die weder perfekt noch erleuchtet ist) auf Ihrem eigenen Weg ein Stück zu begleiten.

Achtsamkeit und Selbstmitgefühl

Achtsamkeit ist seit einigen Jahren der Renner, wenn es um einen alternativen und dennoch sehr wirksamen Ansatz im Umgang mit Stress und Belastungen geht. Die Wissenschaft und auch die praktische Erfahrung der Übenden zeigen sehr eindrücklich, wie Meditation und Achtsamkeit das Gehirn verändern, möglicherweise degenerative Prozesse verhindern oder rückgängig machen, das Immunsystem stärken, Stress reduzieren und Depressionsrückfälle verhindern helfen. Es gibt wissenschaftlich basierte Programme wie das MBSR (*Mindfulness Based Stress Reduction*, zu Deutsch: *Stressbewältigung durch Achtsamkeit*) und das Prophylaxe-Programm gegen Rückfälle bei Depressionen MBCT (*Mindfulness Based Cognitive Therapie*, zu Deutsch: *Achtsamkeitsbasierte Kognitive Therapie*). Sie fußen jeweils auf der Schulung von Achtsamkeit, Meditation und Yoga und einer achtsamen Lebensführung und haben diese Methoden endgültig aus der Räucherstäbchen- und Esoterik-Ecke herausgeholt.

Seit neuestem entwickelt nun die Forschung auch großes Interesse an den heilsamen Auswirkungen der Kultivierung von Mitgefühl. Wirklich neu ist dieser Ansatz nicht, findet er sich doch ebenfalls in dem gleichen, jahrtausendealten Ursprung wie die Achtsamkeitspraxis – dem Buddhismus. Und wenn man es sich genau anschaut, sind diese beiden Praktiken voneinander untrennbar. Dennoch lassen Studien den Schluss zu, dass Mitgefühlspraxis möglicherweise tiefgreifendere und zügigere heilsame Veränderungen bei Praktizierenden hervorruft als das bisher angewandte reine Achtsamkeitstraining. Dies ist für mich nicht verwunderlich. Während Achtsamkeit bisweilen sehr technisch daherkommt, schult Mitgefühl nicht nur unsere Präsenz, sondern auch unser Herz. Damit wirkt sie stark ausgleichend auf unser Gemüt.

Wie es zu diesem Buch und dem Programm kam

Neben meiner eigenen Übungspraxis in Achtsamkeit und Mitgefühl, die hauptsächlich aus dem tibetischen Buddhismus genährt wird, unterrichte ich beide rein psychologisch in Form von Seminaren und Kursen seit 2004. Die Erfahrung zeigt mir, dass es gerade Personen, die sich stark um andere kümmern, wie beispielsweise Eltern (insbesondere Mütter) oder Alleinerziehende, Pflegekräfte, Sozialarbeiter, Pädagogen, Therapeuten und Ärzte, danach dürstet, sich mehr auf sich zu besinnen. Ja, es entstand in der Mitgefühlspraxis ein regelrechter Widerstand und Frustration bei den Teilnehmern, sich nun auch in der »Freizeit« noch mit anderen mitfühlend zu beschäftigen, wobei sie sich selbst zunehmend als vollkommen leer empfanden und einfach nichts mehr zu geben hatten. Und so entstand die Idee des auf sich selbst ausgerichteten Trainings der Selbstfürsorge, der Achtsamkeit und des Mitgefühls, denn nicht selten kommt genau das zu kurz, oder man versagt es sich sogar, weil man nicht egoistisch erscheinen möchte. Außerdem gab es sehr viele, die aus mangelndem Selbstmitgefühl nicht in der Lage waren, Zuneigung und Fürsorge anzunehmen, da sie sich selbst dafür nicht für wertvoll genug hielten oder so etwas überhaupt nicht gewohnt waren. Erziehung und frühe Lebenserfahrungen prägten ihr Erleben und verhinderten, sich selbst Fürsorge und Annehmlichkeiten zuzugestehen. Andererseits fiel es gerade diesen Teilnehmern sehr leicht, sich in andere hineinzuversetzen und sich um sie zu kümmern, während sie es sich selbst versagten. Zeitgleich mit den Rückmeldungen der Teilnehmer, meinen eigenen Erfahrungen, Beobachtungen und den Überlegungen dazu, erschienen Artikel, Forschungsarbeiten und Bücher zum Thema *Selbstmitgefühl* von wissenschaftlich arbeitenden Kollegen. Sie entdeckten ebenfalls diese Bedürftigkeit und entwickelten und erforschten daraufhin eigene Trainingskonzepte. Jeder dieser Ansätze ist hoch wirksam. Die Abläufe, Schwerpunkte der Ausrichtung und Zielgruppen sind leicht unterschiedlich.

Mit dem nun vorliegenden Kurskonzept möchte ich Ihnen ein Selbstmitgefühl-Programm vorstellen, das Sie ohne Vorkenntnisse in Achtsamkeit oder Mitgefühl durchführen können. Es lehnt sich in seiner Struktur etwas dem MBSR an, nutzt ebenfalls die Übungen des MBSR wie Body-Scan, Yoga und Atemmeditation (jedoch mitgefühlsbasiert) schult ebenfalls Ihre Achtsamkeit, verbindet jedoch die Achtsamkeitspraxis von Anfang an mit einer selbstmitfühlenden Haltung. In diesem Programm möchte ich Ihnen neben den klassischen MBSR-Übungen noch weitere Übungen anbieten, die es Ihnen ermöglichen, mit sich in einen freundlichen und nährenden Kontakt zu kommen. Nicht jede der Übungen wird etwas für Sie sein. Das ist vollkommen in Ordnung. Jeder Mensch ist anders. Das eine wird Sie entzücken, das andere möglicherweise auch irritieren. Ich möchte Sie einladen, sich den Übungen so offen wie möglich zu widmen, ihnen und sich selbst ein wenig Zeit zur Gewöhnung zu geben. Sollte es nach ein paar Wochen immer noch so sein, dass Sie mit der einen oder anderen Übung so gar nichts anfangen können, lassen Sie sie los. Es geht im Endeffekt darum, dass Sie für sich eine eigene heilsame und nährende Praxis entwickeln. Dieses Programm ist kein Kochrezept, welches nur gelingt, wenn Sie alle Zutaten nutzen. Viel wichtiger ist, dass Sie mit der Zeit Ihren eigenen Stil entwickeln und das für sich nutzen, was Ihnen guttut und woran Sie sich weiterentwickeln können.

Was ist das Ziel?

Das vorliegende Programm ist ein systematisches, alltagsbezogenes Training und beinhaltet eine Reihe formeller wie informeller Übungen. Das Ziel ist es, dass Sie mit wachsender Übung und Erfahrung zunehmend

- eine selbstfürsorgliche, offene, annehmende und mitfühlende Präsenz kultivieren,
- Stress und destruktive selbstausbeuterische oder selbstvernachlässigende Tendenzen erkennen und ihnen gegensteuern lernen, so dass es Ihnen mit der Zeit leichterfällt, ein heilsames, ausgeglichenes Leben zu führen,
- selbstschädigendes destruktives kompensatorisches Verhalten zu reduzieren und sich stattdessen
- heilsam zu versorgen und zu regulieren,
- an den vielen schönen Momenten des Lebens wieder teilzunehmen,
- sich mit anderen wohler zu fühlen und auch
- schwierige Momente leichter und konstruktiver mit wesentlich mehr Fürsorglichkeit für Sie selbst durchstehen können.

Was erwartet Sie in diesem Buch?

Dieses Buch bietet Ihnen einen praktisch umsetzbaren 8-Wochen-Kurs für zu Hause und beinhaltet die Unterrichtsinhalte und Materialien meines Achtsamkeit & Selbstmitgefühl-Gruppenkurses, so wie ich ihn konzipiert habe und unterrichte. Es ist so angelegt, dass Sie den Kurs damit selbständig Woche für Woche absolvieren können.

Ich möchte an dieser Stelle jedoch deutlich machen, dass es sich weder um das MBCL-Programm (Mindfulness-Based Compassionate Living) *von Frits Koster und Eric van den Brink noch um das von Christopher Germer und Kristin Neff entwickelte MSC-Programm* (Mindful Self-Compassion) *handelt.*

Die Inhalte sind geprägt von meinen Erfahrungen als buddhistisch Praktizierende, als Mensch, als MBSR/MBCT-Lehrerin, als Übende und als Therapeutin. Nichtsdestotrotz kann das Rad nicht gänzlich neu erfunden werden, und so werden Sie hier und da Ähnlichkeiten und möglicherweise auch Übereinstimmungen finden, die sich aus dem allen diesen Programmen zugrunde liegenden Praxisschatz des Buddhismus, dem MBSR/MBCT-Training, der Psychologie, der Neurologie und den neuesten Forschungen zum Thema ergeben.

Für wen ist dieses Buch gedacht?

Dieses Buch ist für all diejenigen gedacht, die nicht nur mal über die Thematik etwas lesen, sondern gerne direkt praktisch einsteigen und über acht Wochen ein strukturiertes Programm absolvieren wollen. Gerade wenn in Ihrer Nähe noch kein Kurs angeboten wird oder es Ihnen aus welchen Gründen auch immer gerade einfach nicht möglich ist, an einem Kurs mit einem Lehrer teilzunehmen, kann dieser Buch-Kurs eine Alternative sein.

Was braucht es von Ihnen?

Den Kurs in Eigenregie durchzuführen wird Sie sehr wahrscheinlich herausfordern. Es braucht von Ihnen Disziplin, ein Quäntchen Geduld und Frustrationstoleranz, Eigenmotivation und die Fähigkeit, sich Neues durch Selbststudium anzueignen. Außerdem ist es wirklich notwendig, dass Sie psychisch stabil sind (von etwas gestresst, erschöpft und frustriert mal abgesehen), Ihr tägliches Leben meistern und frei von einer akuten Depression, einer Psychose, akuten Sucht oder schweren Angststörung sind. Warum? Weil dieses Programm für Sie gerade am Anfang psychisch herausfordernd sein kann, da die Übungen Sie mit Ihrer Schwäche, heilsam mit sich umzugehen, konfrontieren und Ihre destruktiven Muster sichtbar machen können. Vielleicht haben Sie gerade am Anfang noch nicht genügend Übung und Kraft, um damit angemessen umzugehen. Wenn es Ihnen bereits schon schlechtgeht, ist die Gefahr, dass es Ihnen aus dem Frust heraus dann noch schlechter geht, recht hoch. Wenn Sie dann dieses Programm dennoch durchführen wollen, so empfehle ich Ihnen in dem Fall unbedingt, sich dazu eine professionelle Begleitung zu suchen wie einen Coach oder Therapeuten, der sich mit dieser Thematik gut auskennt.

Befinden Sie sich aktuell in ärztlicher oder psychotherapeutischer Behandlung, sollten Sie abklären, ob dieses Programm für Sie im Augenblick sinnvoll ist. Wenn Ihr Arzt oder Therapeut einverstanden ist, können Sie diesen Kurs beispielsweise mit ihm bzw. ihr zusammen durchführen und die Erfahrungen und Erkenntnisse in den Sitzungen besprechen.

Grundsätzlich ersetzt der Kurs in diesem Buch nicht die Behandlung eines Arztes, Heilpraktikers oder Psychotherapeuten. Bitte lassen Sie alle körperlichen und psychischen Symptome professionell abklären. Stressempfindungen oder Stimmungsveränderungen können immer auch ein Hinweis auf eine Erkrankung sein, die der medizinischen Behandlung bedarf. Behalten Sie verschriebene Medikationen bei. Reduzieren Sie Medikamente bitte nur nach Rücksprache mit Ihrem Arzt oder Heilpraktiker.

Dieses Programm erschließt sich nur durch eigenes Üben und Ausprobieren. Sollten Sie gerade in einer Lebensphase sein, in der Sie sich keinerlei Freiraum für die Übungen schaffen können und mit den Widrigkeiten Ihres Lebens so sehr kämpfen müssen, dass Sie den Kopf nicht für die Beschäftigung mit der Thematik frei haben, mag es sinnvoller sein, die Durchführung des Programms auf einen späteren Zeitpunkt zu verschieben. Trotzdem möchte ich Sie ermutigen, die eine oder andere Übung auszuprobieren und auf eine individuell abgespeckte Art anzufangen.

Nebenwirkungen

Im Rahmen dieses Kurses mag es durchaus zu einer »Erstverschlimmerung« der Symptomatik kommen. Vielleicht bemerken Sie plötzlich, wie unerbittlich Sie sich durch das Programm und genauso auch durch Ihr Leben jagen, welche harten Worte Sie sich selbst gegenüber wählen und welchen alten Mustern sie unterliegen. Es können sich alte Verletzungen zeigen, die Sie möglicherweise traurig oder auch wütend machen. Zwingen Sie sich zu nichts. Machen Sie es sich stattdessen bewusst gemütlich und üben Sie die Meditationen oder die Körperübungen warm eingekuschelt in eine flauschige Decke. Auch wenn Sie während der Übungen möglicherweise am liebsten aufspringen und sich mit »sinnvolleren« Dingen beschäftigen würden, bleiben Sie liegen oder sitzen. Halten Sie Ihre Hand, so wie Sie einem guten Freund, Ihrer Geliebten oder Ihrem aufgeregten Kind die Hand halten würden. Bleiben Sie bei sich, aufmerksam, still, neugierig und freundlich, denn genau jetzt brauchen Sie sich am meisten. Die Unruhe, die Hetze und der Zorn auf sich selbst werden vergehen. Alles, was Sie brauchen, ist Zeit und liebevolle Geduld mit sich selbst, und diese werden Sie im Laufe des Prozesses erlangen.

Was Sie hier nicht finden

Alle Übungen, die Sie in diesem Programm finden, sind KEINE Entspannungsübungen. Sie dienen lediglich als Mittel, sich selbst zu erforschen und sich darin zu üben, mitfühlender, achtsamer, fürsorglicher und freundlicher mit sich selbst umzugehen. Das kann zwar manchmal durchaus entspannend sein, ist aber eben mitunter auch anstrengend.

Außerdem werden wir uns in diesem Programm nicht um Ihre persönlichen, tieferliegenden Ursachen eines mangelnden Selbstmitgefühls oder selbstausbeuterischen Handelns kümmern. Sollte hierzu Bedarf sein, bearbeiten Sie dies bitte mit einem Coach oder Therapeuten. Auch Pauschal-Ratschläge für Ihr Leben werden Sie in diesem Buch nicht finden, und ich kann Ihnen keinerlei Garantie geben, dass dieses Programm genau Ihnen hilft, sich aus Ihren destruktiven Gewohnheiten zu befreien. Es ist und bleibt ein ganz persönlicher Prozess. Auch in der Arbeit mit meinen Kursteilnehmern und Patienten gibt es ab und zu Menschen, die mit den Übungen und Ansätzen gerade so gar nichts anfangen können. Zum Glück ist dies ja nicht die einzige Möglichkeit, mit sich zu arbeiten. Sollten Sie also merken, dass es Ihnen nach acht Wochen überhaupt nichts gebracht hat, machen Sie sich bitte keinen Vorwurf. Das passiert. Niemand hat daran Schuld. Es gibt so viele verschiedene Menschen und auch so viele verschiedene Methoden. Vielleicht ist dies einfach grad nicht Ihre Methode. Das darf so sein. Dann verkaufen Sie das Buch und die CDs einfach wieder und probieren etwas anderes.

Gebrauchsanleitung

Das Programm wird sich Ihnen kapitelweise erschließen. Bitte lesen Sie pro Woche jeweils nur ein Kapitel und führen Sie die angegebenen Übungen möglichst an sechs Tagen der jeweiligen Übungswoche durch. Ein Tag der Woche, ganz gleich welcher, ist übungsfrei (ein sogenannter »Großzügigkeitstag«). Sollten Sie im Laufe der Zeit feststellen, dass Sie lieber täglich üben möchten, so machen Sie das ruhig. Vielen fällt es auf diese Weise leichter, dabeizubleiben. Und sollte Ihnen dann doch mal etwas Dringendes dazwischenkommen, brauchen Sie sich kein schlechtes Gewissen zu machen, denn dann haben Sie ja immer noch den »Großzügigkeitstag«, den Sie sich bewusst gönnen können. Sollten Sie jedoch merken, dass Sie sich gerade sehr mit den Übungen quälen und übermäßig hart und diszipliniert rangehen, dann ist es auch eine Übung in Mitgefühl, sich von übermäßiger Disziplin zu verabschieden und statt auf die Yoga-Matte beispielsweise bewusst in die Badewanne zu gehen. All dies gehört zu Ihrem Lernprozess, angemessen, heilsam und fürsorglich mit sich umzugehen. Natürlich sollte klar sein, dass sich ohne praktische Übung und Auseinandersetzung mit der Thematik nichts verändert, doch gehört zum Lernprozess eben auch, Erfahrungen mit zu viel und zu wenig Praxis zu sammeln, damit Sie Ihr eigenes stimmiges Maß finden.

Da die wöchentlichen Einheiten aufeinander aufbauen, ist das Buch zum Querlesen ungeeignet. Der theoretische Teil wird immer von praktischen Übungen, die sich auch auf den CDs befinden, ergänzt. Dies ermöglicht Ihnen ein begleitetes, sicheres Üben. Für jede Woche wissen Sie anhand alltagsbezogener Erläuterungen und eines Übungsplans, was Sie in Ihrem Alltag umsetzen, üben und integrieren können. Anhand von Fragen zu Beginn des darauffolgenden Kapitels können Sie Ihre Erfahrungen der zurückliegenden Übungswoche reflektieren. Ebenso werden mögliche Schwierigkeiten, die in den einzelnen Wochen erfahrungsgemäß auftreten, thematisiert.

Ich empfehle Ihnen, sich ein Notizbuch zuzulegen, in dem Sie Ihre Erfahrungen und Reflexionen aufschreiben können. Das Schreiben hilft Ihnen, das Erlebte zu reflektieren, statt »nur« darüber nachzudenken. Außerdem können Sie auf diese Weise Ihren Prozess besser verfolgen.

Dieses Programm ist auf acht Wochen angelegt. Sie können sich allerdings auch mehr Zeit lassen, wenn Ihnen das Tempo zu schnell ist. Weniger Zeit für dieses Programm einzuplanen oder es gar in einer Woche absolvieren zu wollen wird sehr wahrscheinlich keine großen Früchte tragen, es könnte Ihnen höchstens einen ersten Geschmack der Thematik vermitteln. Die Dauer des Programms hat mit unseren neurologischen Prozessen zu tun und ist an ihnen orientiert. Eine neue Gewohnheit zu schaffen braucht drei Monate kontinuierlichen Trainings; erst dann haben sich die neuen Verknüpfungen in unserem Gehirn ausreichend stabilisiert, so dass man von einer neuen Gewohnheit sprechen kann.

Für die Durchführung der Übungen brauchen Sie je nach Woche und Übungsauswahl ungefähr zehn bis 60 Minuten pro Übungstag Zeit. Diese Zeit braucht jedoch nicht an einem Stück genommen zu werden; die jeweiligen Übungseinheiten können Sie über den Tag hinweg verteilen (Weiteres dazu in den jeweiligen Kapiteln). Da die Kapitel und die Themen aufeinander aufbauen, ist es notwendig, die einzelnen Wochenkapitel nacheinander durchzuarbeiten und sich mindestens eine Woche Zeit für die jeweiligen Übungen zu geben. So wachsen Sie in die Praxis hinein, und das Pensum sowie der Schwierigkeitsgrad erhöhen sich mit der Zeit, ohne Sie zu überfordern. Sollten Sie aktuell aufgrund starker körperlicher Einschränkungen nicht in der Lage sein, Yoga zu praktizieren, üben Sie stattdessen den Body-Scan. Sie können auch gerne damit experimentieren, sich die Yoga-CD anzuhören und die Bewegungen lediglich im Geiste nachzuvollziehen, während Ihr Körper weiterhin ruhig daliegt.

Die Gestaltung des Übungsplatzes

Grundsätzlich: Machen Sie es sich so gemütlich und schön wie möglich! Das alleine ist schon ein Akt der Selbstfürsorge und des Selbstmitgefühls. Sie sollen sich auf Ihrem Übungsplatz vollkommen wohl und sicher fühlen. Meist helfen dabei Wärme und weiches, bequemes Material. Für die Durchführung der Übungen wie Yoga, Meditation und Body-Scan brauchen Sie lediglich eine Yoga-Matte und ein Meditationskissen, -stuhl oder -bänkchen sowie ein kleines Kopfkissen und eine Decke für Ihre Behaglichkeit. Zusätzlich werden Sie einen CD-Spieler in Ihrer Nähe (und griffbereite Fernbedienung) sowie eine Uhr oder einen Timer benötigen, um die Dauer der Meditation einstellen zu können, denn das Zeitgefühl verändert sich während der Meditation. Richten Sie sich Ihren Übungsplatz in einem Raum ein, in dem Sie sich wohl und sicher fühlen, die Tür schließen können und möglichst nicht gestört werden. Sie erleichtern sich die tägliche Übung, indem Sie diesen Platz fest installieren und er jeden Tag bereits auf Sie wartet. Sie werden merken, dass dieser Platz für Sie mit der Zeit zu *Ihrem* Platz wird, mit dem Sie Ruhe und Zentriertheit verbinden. Dies wird es Ihnen noch mehr erleichtern, sich auf die Übung einzulassen und Fortschritte in der Praxis zu machen. Der Raum sollte eine gewisse Ruhe und Klarheit verkörpern. Inmitten von noch zu erledigender Bügelwäsche und unsortierten Aktenbergen wird es Ihnen (insbesondere am Anfang) wahrscheinlich schwererfallen, sich auf sich zu konzentrieren. Es ist schon ein Akt des praktischen Selbstmitgefühls und der Wertschätzung sich selbst gegenüber, diesen Raum aufzuräumen und klar zu gestalten.

Wöchentliche Kurszeit

Nehmen Sie sich für die kommenden acht Wochen einmal pro Woche für die neue Kurseinheit Zeit (möglichst immer am gleichen Tag zur gleichen Uhrzeit), um das neue Kapitel der nun anstehenden Wocheneinheit durchzuarbeiten. In einem regulären Kurs dauert das für gewöhnlich zweieinhalb Stunden. Diese Zeit sollten Sie realistischerweise auch für Ihre Arbeit mit diesem Buch einplanen. In dieser Zeit werden Sie, je nach Wochenstoff, praktisch üben, lesen und sich mit Fragen auseinandersetzen. Da Lesetempo und Verständnis von Person zu Person unterschiedlich sind, sollten Sie sich nicht unter Druck setzen. Überfliegen Sie das Kapitel zu Beginn und üben Sie auf jeden Fall die angegebenen praktischen Übungen in Ihrer Kurszeit. Sie können dann das Kapitel über die Woche verteilt weiterlesen und durcharbeiten. Üben Sie zusätzlich dazu die für die jeweilige Woche relevanten Hausaufgaben.

Wöchentliche Übungszeiten

Es gibt keine festgelegten Übungszeiten. Experimentieren Sie ruhig und finden Sie Ihre optimalen Zeiten. Wie oben bereits erwähnt, können Sie sich die Übungszeit aufteilen. Viele Teilnehmer meiner Kurse beginnen den Morgen beispielsweise mit der Meditation (ca. 10 bis 20 Minuten) und üben am Abend die Körperübungen (ca. 30 bis 40 Minuten). So haben Sie das Gefühl, Ihren Tag in die Übungspraxis einzubetten, und die Übungen passen leichter in den Tagesablauf. Andere sind am Abend zu müde und entscheiden sich, morgens zu praktizieren. Manche stehen dafür extra früher auf. Auch wenn dies am Anfang den einen oder anderen Überwindung kostet, tun es die meisten mit der Zeit sogar gerne, da diese Zeit für sie zu einer ganz besonderen geworden ist – zu *ihrer* Zeit, die sie nicht mehr missen möchten. Experimentieren Sie einfach und schauen Sie, wie Sie am liebsten üben möchten. Es ist Ihr Tag, es ist Ihr Leben und Ihre Übungspraxis. Eine kleine Empfehlung möchte ich Ihnen jedoch schon vorab geben: die Zeit für die Übungspraxis wird erfahrungsgemäß nicht einfach da sein. Außer Sie haben gerade ein vollkommen ruhiges Leben mit viel Zeit, in dem Sie es gewohnt sind, sich um sich selbst zu kümmern. Aber dann würden Sie wohl kaum dieses Buch lesen. Daher sollten Sie im Vorfeld Ihre Praxiszeiten in Ihren Tagesablauf fest einplanen. Schreiben Sie sich die Zeiten in Ihren Kalender und planen Sie alles andere drum herum. Dann haben Sie diese Zeit.

Womit Sie rechnen sollten

Auch wenn Sie in den Übungen manchmal sehr entspannt sein werden, so sind sie wie gesagt doch keine Entspannungstechniken. Der Prozess, sich mit Achtsamkeit und Selbstmitgefühl auseinanderzusetzen, kann gerade in der Anfangszeit sehr anstrengend sein. Sie werden vielleicht in den Übungen merken, dass Sie sehr schnell abschweifen, ungewollt einschlafen und sich nicht in dem Maße auf sie konzentrieren können, wie Sie es sich vorgestellt haben. Außerdem kann es sein, dass Sie immer mehr erkennen, wie hart und unwirsch Sie mit sich reden, wie ungesund Sie mit sich umgehen, wie viele (teilweise sehr negative) Gedanken permanent durch Ihr Oberstübchen jagen und was in Ihrem Leben nicht nach Ihren Vorstellungen läuft (dass Sie aber noch nicht über genügend Kraft und Übungspraxis verfügen, um damit angemessen umzugehen). Das kann sehr frustrierend sein. Halten Sie durch! Es wird leichter werden. Geben Sie sich (kontinuierliche Übung vorausgesetzt) mindestens acht Wochen Zeit. Betrachten Sie diese acht Wochen als ein Experiment, bei dem Sie die Praxis und was sie mit Ihnen macht ausprobieren, üben, anwenden und schließlich immer mehr in Ihr Leben integrieren.

Umgang mit dem inneren Schweinehund

Halten Sie sich an das Nike-Mantra: »*Just do it!*« – machen Sie es einfach! Wenn Sie erst mit Ihrem inneren Schweinehund eine Diskussion beginnen, ob Sie jetzt üben sollten oder nicht, haben Sie schon verloren. Fangen Sie einfach an, ohne darüber nachzudenken, ob Sie jetzt üben sollen oder nicht. Das, was uns am meisten Kraft und Zeit kostet, ist das Darüber-Nachdenken, ob wir jetzt üben oder nicht, und die selbstzerfleischenden Gedanken, wenn wir es immer noch nicht gemacht haben. Das führt nur zu noch mehr Frust. Das können Sie sich sparen, indem Sie es einfach machen. Ja, Sie vermuten richtig: Ohne ein Quäntchen Disziplin geht es nicht. Allerdings handelt es sich hier um eine sanfte, heilsame Form der Disziplin, mit der Sie sich selbst helfen, destruktive Prozesse zu beenden. Dafür brauchen Sie innere Kraft, Ausrichtung und Entschlossenheit, bewusst auch gegen Ihre Gewohnheiten, Ihre destruktiven Denkmuster oder einfach Trägheit zu handeln. Heilsame Disziplin ist das fürsorgliche Unterbrechen von Leid erzeugenden Prozessen. In diesem Programm schenken Sie sich bedingungslose Zeit und Aufmerksamkeit. Alles, was Sie in diesem Programm machen, machen Sie nur für sich selbst. Was Sie dabei unterstützen wird, sind die vielen kleinen und großen heilsamen Erfahrungen, die Sie im Laufe der Zeit mit der Praxis erleben werden.

Lassen Sie es langsam angehen

Achtsamkeit und Selbstmitgefühl zu kultivieren ist ein Lebensprojekt und nicht in acht Wochen erledigt. Während der kommenden acht Wochen braucht sich also nicht großartig viel zu verändern, Sie müssen Ihr Leben nicht komplett umkrempeln. Es reicht, dass Sie sich mit der Thematik beschäftigen, sie in Ihrem Leben ausprobieren und – wie es Ihnen gerade möglich ist – umsetzen. Das lässt sie in Ihrem Tempo langsam in Ihr neues Leben hineinwachsen. Veränderungen ergeben sich dann meist ganz natürlich und auf eine Weise, dass Sie mit ihnen Schritt halten können. Jeder Mensch ist außerdem auch etwas anders. So entfaltet sich der Weg für jeden in seinem eigenen natürlichen Tempo. Auf die häufig gestellte Frage, wie lange es denn dauere, bis man endlich achtsam und selbstmitfühlend sei, meditieren könne oder die eigenen Anliegen geregelt bekomme, kann ich nur eine meiner Lehrerinnen zitieren: »Es dauert so lange, wie es eben dauert«, und Sie haben Ihr ganzes restliches Leben Zeit dafür. Aber eines kann ich mit Sicherheit sagen: Es wird sich etwas in Ihrem Leben verändern, wenn Sie sich voll und ganz der Praxis widmen. Wie sich das bei Ihnen entwickeln wird und auf welche Art und Weise sich die Veränderungen in Ihrem Leben zeigen werden, das ist Ihr ganz persönlicher Prozess, Ihr ganz persönliches Abenteuer Leben.

Zu den Übungs-CDs

Auf den beiliegenden CDs finden Sie die Übungsanleitungen von mir für Sie gesprochen, so dass Sie eine Begleitung in Ihrer Meditations- und Übungspraxis haben. Nun wird es so sein, dass diese Übungen sich für jeden etwas anders anfühlen werden. Die einen empfinden die Anleitungen vielleicht als zu langsam gesprochen und die Pausen möglicherweise als lang, die anderen empfinden sie genau gegenteilig, als viel zu schnell und viel zu kurz. Die einen freuen sich über eine dichte Anleitung, die anderen empfinden sie als störend. Für die einen wird meine Stimme angenehm und für die anderen vielleicht unangenehm klingen. Es ist ein unmögliches Unterfangen, es jedem recht zu machen. Darum möchte ich Sie anregen, hier für sich einen Ihrer momentanen Situation angemessenen und flexiblen Umgang mit den Anleitungen zu finden und beispielsweise die CD auch mal zu stoppen, wenn Sie mehr Pausenzeit brauchen und ich Ihnen vielleicht zu viel rede. Oder wenn es

Ihnen gar zu lang dauert und Sie es gerade wirklich nicht ertragen können, in Stille zu sein, können Sie auch mal zum nächsten Schritt der Übung weiterspringen. Es empfiehlt sich also, die Fernbedienung während der Übungen immer griffbereit bei sich zu haben. Im Buch finden Sie die Anleitungen auch zum Nachlesen, sollten Sie die Übungen lieber ohne CD-Begleitung durchführen wollen.

Ein paar Worte zur Ansprache

Da wir in den kommenden Wochen sehr intensiv miteinander arbeiten werden, habe ich mich entschlossen, das »Du« in diesem Buch als Ansprache zu wählen. Das »Sie« ist zwar höflicher, schafft jedoch auch eine größere Distanz, nicht nur zwischen uns, sondern ganz besonders auch zu Ihnen selbst. In diesem Kurs geht es jedoch darum, Ihnen selbst wieder nahezukommen, so dass Sie Ihre beste Freundin, Ihr bester Freund werden. Und mit denen würden Sie sich wahrscheinlich auch nicht siezen, oder? So wird auch für die Übungen auf den CDs das »Du« verwendet. Ich hoffe jetzt einfach, dass dies für Sie in Ordnung ist.

Ich wünsche Ihnen von ganzem Herzen viel Freude bei diesem Kurs. Und sollten Sie einmal wirklich nicht weiterkommen, dann freue ich mich darauf, von Ihnen zu hören oder zu lesen.

Ihre Maren Schneider

Der Kurs

Woche 1

Mit der selbstmitfühlenden Achtsamkeit vertraut werden

Wer einmal erlebt hat, wie wohltuend, erfrischend und heilsam es ist, ganz im gegenwärtigen Moment zu sein, im Hier und Jetzt wirklich anzukommen, in dem wird eine tiefe Sehnsucht erwachsen, solche Augenblicke öfter und länger zu erleben.

Thich Nhat Hanh

Herzlich willkommen in deinem ganz persönlichen Kurs. Es freut mich sehr, dass du dich auf den Weg zu dir selbst gemacht hast. Wie geht es dir gerade? Hast du es dir für diese Kurseinheit gemütlich gemacht? Wenn nicht, dann hol dies mal eben kurz nach. Mach dir einen Tee, Kakao oder einen Kaffee, und sollte dir etwas kühl sein, dann zieh dir ein paar Kuschelsocken an und nimm dir eine Decke oder Wärmflasche mit auf deinen Leseplatz. So, besser? Freut mich!

Es ist sehr wichtig, dass du es dir für unsere gemeinsame Reise immer so angenehm wie möglich machst. Das alleine ist schon ein Akt des praktisch angewandten Selbstmitgefühls. Das mag für dich vielleicht noch etwas gewöhnungsbedürftig sein. Vielleicht erwartest du auch von dir, dieses Buch möglichst schnell ohne viel Zeitaufwand mal eben so zu lesen. Wieso es sich gemütlich dabei machen, es ist ein Arbeitsbuch, also geht's um Arbeit, und Arbeit ist nicht gemütlich. Doch wer sagt, dass wir uns das Ganze nicht angenehm gestalten dürfen? Auch ich sitze grade mit dicken

Flauschsocken an den Füßen an meinem Schreibtisch, ein Gewürztee dampft in der Tasse, und meine Katze hat es sich in meinem Rücken auf dem Stuhl gemütlich gemacht, während ich für dich dieses Buch schreibe.

Also, hier ganz offiziell eine grundsätzliche Einladung und erste informelle Übung für dich: Wann auch immer du dich für die Beschäftigung mit diesem Buch und den Übungen niederlässt, mach es dir bitte so angenehm wie möglich! Und wenn du dich dabei ertappst, dass du dir in deinem Alltag Gemütlichkeit und Fürsorge versagst, dann erinnere dich bitte daran, dass du es bist, der entscheidet, wie du mit dir umgehst. Du darfst dir jede Situation, in der du dich befindest, so angenehm wie möglich gestalten, und in dem Maß, wie es gerade möglich ist. Du darfst für dich sorgen. Vielleicht macht es auch sonst keiner für dich. Gib dir selbst das, was du von anderen möchtest – dies nur als ein erster wichtiger grundlegender Impuls.

Beginnen wir nun mit dem ersten Inhalt des achtwöchigen Trainings: der Achtsamkeit. Zuerst möchte ich den Begriff »Achtsamkeit« mit dir ein bisschen beleuchten und anschließend den Begriff »Mitgefühl«, damit wir beide möglichst von ein und demselben sprechen und nicht für die nächsten Wochen kolossal aneinander vorbeireden.

Was ist also Achtsamkeit?

Achtsamkeit bedeutet, bewusst mit dem gegenwärtigen Moment im Kontakt zu sein, weder in die Zukunft noch in die Vergangenheit abzuschweifen, weder zu dramatisieren noch zu ignorieren, sondern unsere Aufmerksamkeit im sogenannten »Jetzt« voll und ganz zu bündeln.

Das heißt, wir üben uns darin, bewusst und wertneutral wahrzunehmen, was im gegenwärtigen Moment gerade geschieht, auf der Ebene unseres Körpers (Empfindungen der Wärme/Kälte, Spannung/Entspannung, Schmerz/Schmerzfreiheit, Kraft/Schwäche), unseres Geistes (Gedankenaktivität, viele/wenige Gedanken, Stimmung, emotionale Zustände), aber auch bezogen auf die Geschehnisse in unserem Umfeld und wie wir dazu in Resonanz gehen. Wertneutral bedeutet, dass wir das, was gerade geschieht, erst einmal nur beobachten, statt sofort alles in unsere üblichen Schubladen einzusortieren wie »gut« oder »schlecht«, »toll« oder »furchtbar«. So können wir beispielsweise wahrnehmen, dass uns gerade jede Menge sorgenvolle Gedanken beschäftigen, wir Angst haben und unser Körper verspannt ist. Wir durchbrechen damit unseren Autopiloten, der uns wie ferngesteuert und wenig bewusst durch unseren Tag bringt. Einerseits stärken wir durch Achtsamkeit unsere bewusste Wahrnehmung und Beobachtungsgabe; wir bekommen damit mehr Orientierung und Informationen über die aktuelle Situation und können somit viel besser stimmige Schritte einleiten. Andererseits hilft uns die Übung in wertneutraler Wahrnehmung und Beobachtung der Geschehnisse, uns weniger darin zu verstricken und weniger gestresst, ärgerlich oder ängstlich darauf zu reagieren. Wenn wir uns weniger automatisch mitreißen lassen, kann uns auch so leicht nichts mehr einfach umschmeißen. Statt uns aufzuregen oder in Panik zu verfallen, bleiben wir zentriert, bewahren Ruhe und Überblick und gewinnen damit wesentlich mehr Handlungsspielraum. Unser Gemüt ist ausgeglichener, wir sind gelassener, und das hat große Auswirkungen auf unser Wohlgefühl, unsere Gesundheit, Leistung und Stärke. Aus dem Grund wird Achtsamkeit auch zur Stressbewältigung eingesetzt.

Unsere geistigen Verweilzustände

In unserem heutigen Alltag verbringen wir ziemlich wenig Zeit im gegenwärtigen Moment. Doch wo sind wir, wenn wir nicht im Jetzt sind? Damit du eine Orientierung bekommst, wie unsere grobe geistige Landschaft gestrickt ist, möchte ich dich mit den sogenannten geistigen Verweilzuständen der Zukunft, der Vergangenheit, dem Jetzt und den Wahrnehmungsverzerrungen von Ignoranz oder Drama vertraut machen, in die wir mit unserer Aufmerksamkeit geraten können und zwischen denen wir meist hin und her pendeln:

Jeder dieser Verweilzustände hat besondere Merkmale:

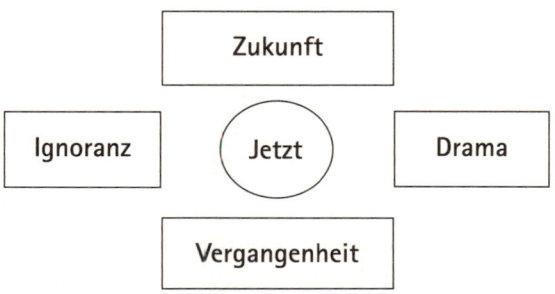

- **Das Jetzt** erkennst du daran, dass du alles, was sich darin befindet, auch tatsächlich mit allen deinen Sinnen konkret sehen, riechen, hören, tasten und schmecken kannst. Das Jetzt ist immer sinnlich über den Körper bzw. die Körpersinne wahrnehmbar. Im Jetzt befindet sich dein Körper, und im optimalen Fall ist auch dein Gewahrsein als erkennende, beobachtende Instanz gegenwärtig. Über dein Gewahrsein kannst du das, was im gegenwärtigen Moment – jetzt – geschieht, bewusst erleben, sonst würde es einfach nur an dir vorbeirauschen.

- **Die Zukunft** spielt sich im Gegensatz zum Jetzt lediglich in unserer Vorstellung ab und ist gekennzeichnet durch vorgestellte Bilder, imaginär geführte Dialoge (oder auch Monologe), Listen, Pläne, Befürchtungen und Träume. Während dein Körper im Jetzt verweilt, geht dein Geist auf Wanderschaft. Auch wenn es uns sehr real erscheint und auch dazu führt, dass wir spürbare Emotionen und Körperreaktionen wie Anspannung dadurch erleben können, sind die auslösenden Bilder, Szenen, Pläne etc. jedoch lediglich vorgestellte Phantasien in unserem Kopf. Du führst also nur imaginär eine Diskussion. Das, was du hören oder sagen würdest, sind lediglich Gedanken und mit deinem körperlichen Ohr gerade nicht hörbar. Auch wenn du dir die Situationen noch so plastisch vorstellst, wie es wäre, wenn …, es bleibt eine Vorstellung – doch nichts davon ist gerade wirklich und konkret über deine Körpersinne wahrnehmbar. Die ausgelösten Emotionen sind nicht der Beweis dafür, dass das, was du gerade in deinen Gedanken erlebst, real ist. Sie sind nur Reaktionen deines Körpers und deiner Psyche auf das Vorgestellte, und beide können nicht zwischen Fiktion und Wirklichkeit unterscheiden. Die Emotionen verschwinden, sobald der auslösende Gedanke weg ist.
- **Die Vergangenheit** spielt sich ebenfalls nur in unserem Kopf ab, in dem wir uns an etwas Gewesenes erinnern, das mal tatsächlich wirklich wahrnehmbar war, nun aber lediglich eine Erinnerung ist. Auch hier verweilt dein Körper im gegenwärtigen Moment, während dein Geist in die Vergangenheit geht, Bilder hervorkramt und sie vor deinem geistigen Auge ablaufen lässt, die teilweise erschreckend plastisch und sehr real wirken. Wir können uns sogar sehr genau an Körperempfindungen erinnern. Ebenso stellen wir uns vor, wie wir mit unserem inneren

Ohr Worte oder Geräusche hören, obwohl gerade nichts davon tatsächlich geschieht. Doch auch wenn es sich noch so plastisch darstellt und zu emotionalen Reaktionen führen kann, die tatsächlich im Jetzt wahrnehmbar sind, sind die Erinnerungen selbst jedoch nur noch eine geistige Aktivität und im Jetzt nicht mehr über unsere Körpersinne erlebbar. Auch hier sind die Emotionen nur die Reaktion der Psyche und des Körpers auf die Gedanken und verschwinden, sobald das Bild dazu verschwindet.

Wenn wir uns diese Verweilzustände als Räume vorstellen, dann können wir erkennen, dass jeder dieser Räume von den anderen getrennt ist, auch wenn uns der Übergang fließend erscheint. Wenn der aktuelle Moment vergangen ist, hat alles, was ihn ausgemacht hat, den Raum der Gegenwart verlassen und ist in den Raum der Vergangenheit weitergezogen. Im Raum der Gegenwart sind immer nur die sich Moment für Moment aktualisierenden Eindrücke anwesend. Der Raum der Zukunft ist angefüllt mit Ideen, Phantasien, Fiktionen, was alles geschehen könnte. Dies ist ebenfalls ein rein geistiger Raum. Auch wenn wir uns noch so sehr anstrengen: Diesen Raum können wir mit unserem Körper nicht betreten, nur unser Geist kann sich in diesem Raum aufhalten. Unser Körper verweilt dabei im gegenwärtigen Moment. Genauso verhält es sich mit der Vergangenheit: Dieser Raum ist ebenfalls nur durch die geistige Aktivität des Erinnerns zugänglich, jedoch nicht mit dem Körper betretbar. Wir können also mit unserem ganzen Sein (Körper und Geist) weder in die Zukunft noch in die Vergangenheit gehen; nur unser Geist kann sich in diesen Dimensionen frei bewegen. Das Jetzt, der gegenwärtige Moment, ist der einzige Raum, in dem Körper und Geist zusammen anwesend sein können. Der gegenwärtige Moment ist flüchtig und vergänglich. Seine Zeitspanne kann als ein Fingerschnippen oder ein Wimpernschlag angegeben werden. Er wandelt sich permanent und beinhaltet so immer wieder neue Eindrücke.

Ausschmückungen – Drama und Ignoranz

Doch damit nicht genug. Wir haben die Angewohnheit, das Jetzt, die Zukunft und die Vergangenheit auszuschmücken, mehr oder weniger daraus zu machen. Das verzerrt unsere Wahrnehmung, ohne dass wir es unbedingt bewusst mitkriegen, auf bestimmte Weise:

- Den gegenwärtigen Moment und unsere innere Verfassung darin nehmen wir nicht einfach so wahr, wie sie sind. Genauso wenig wie das, was mal war oder was wir uns für die Zukunft ausmalen. Wir überspitzen die meisten gewesenen oder künftigen Situationen – positiv wie negativ. Entweder ist, war oder wird alles »ganz furchtbar« oder »ganz großartig«. Ich nenne es »Drama«. Wir verleihen damit allem mehr Kraft, mehr Schönheit, mehr Schrecklichkeit usw., mit dem Effekt, dass sich dann alles wesentlich lebendiger anfühlt, mehr Intensität bekommt – positiv wie negativ. In unseren Dramatisierungen können wir unbändige Freude erleben, aber auch tiefste Verzweiflung, Wut, Angst und Traurigkeit. Diese Zustände können sehr viel Energie geben, sie können uns aber auch sehr viel Energie kosten und uns bei Daueranwesenheit in den Extremen stark erschöpfen oder ausbrennen. Wer ausbrennt, muss vorher für etwas gebrannt haben. Wenn man seine Energiereserven nicht auffüllt

oder – um im Bild des Brennens zu bleiben – kein Holz mehr nachlegt, dann brennt man aus. Balance ist das Zauberwort.
- Das Gegenteil des Dramas ist die Ignoranz. Durch sie wiegeln wir alles ab, was gerade geschieht, geschehen ist oder noch geschehen wird. Wir spielen es herunter oder blenden es einfach aus, nach dem Motto: *»Ach, so schlimm ist/war/wird es doch gar nicht!«*, *»Ich kann mich nicht erinnern«*, *»Nö, ich hab kein Problem«*. Wir machen weniger aus allem oder schneiden uns von dem, was ist, regelrecht ab. Dieser Zustand dämpft unsere Wahrnehmung. Einerseits kann er zur Beruhigung führen und uns stabilisieren, andererseits geht er auch auf Kosten unserer Lebendigkeit. Es ist ein bequemer Modus, der sehr gemütlich erscheint, allerdings auch unklar und verwaschen, schläfrig, dumpf oder unpräzise. Wir haben uns halt arrangiert.
- Dieser Modus schafft einen Überlebensraum. Er ist unser von der Natur eingerichteter Überlastungsschutz, der sich immer dann einschaltet, wenn etwas unsere momentanen Fertigkeiten, mit einer Situation angemessen umzugehen, übersteigt. Beispielsweise wenn etwas Schlimmes geschieht, realisieren wir nicht immer sofort, was gerade geschieht, oder vergessen nach dem Geschehnis belastende Details. So stellt die Natur sicher, dass wir weitermachen, uns (und andere) sichern können und nicht aufgrund der psychischen Belastung zusammenbrechen. Allerdings können wir auch aus Gewohnheit oder Bequemlichkeit von diesem Schutz Gebrauch machen, ohne dass wir lebensgefährlich bedroht werden. Indem wir uns angewöhnt haben, lieber nicht zu genau hinzuschauen, was da gerade in unserem Leben passiert, lieber keine Verantwortung zu übernehmen, lieber alles

schönzureden, uns immer mehr zurückzuziehen, uns abzulenken und zu betäuben. So werden wir zunehmend zu Gefangenen einer gemütlichen Scheinwelt (eine Teilnehmerin von mir nannte es mal das »Sissi-Land«), die angenehm und sicher erscheint, solange wir sie aufrechterhalten können. Sie wird jedoch auf Dauer zunehmend schwieriger zu halten sein und möglicherweise auch zu gesundheitlichen Einschränkungen führen. Auf lange Sicht verhindert der Raum der Ignoranz, dass wir lernen, wirklich für uns zu sorgen. Wir vermeiden es, Fertigkeiten jenseits des Rückzugs und der Verdrängung zu erlernen, um mit der Welt und uns selbst lebendig und gesund umgehen zu können, ohne zu zerbrechen.

Alle diese Verweilzustände gehören ganz natürlich zu unserer geistigen Aktivität, und es läuft überhaupt nichts schief, wenn wir uns in diesen Zuständen immer mal wieder befinden. Meistens pendeln wir zwischen Zukunft und Vergangenheit hin und her. Und je nach Typ neigen wir eher zu Über- oder Untertreibungen bzw. Ausblenden dessen, was ist – eben zu Drama oder Ignoranz.

Das Gleichgewicht ist der Schlüssel

Wir brauchen diese Zustände, um unser Leben zu optimieren und zu überleben. Wir lernen aus der Vergangenheit für die Zukunft, planen und strukturieren notwendige Abläufe. Außerdem kann es sehr hilfreich und entlastend für uns sein, extrem Belastendes für eine gewisse Zeit nicht ganz so mitzubekommen, wie es tatsächlich ist, und/oder es auch mal für eine gewisse Zeit ausblenden zu können, damit wir weitermachen und auch (über)leben können. Zu einem Problem wird es jedoch dann, wenn uns die Kontrolle über diese Zustände entgleitet, wenn wir zunehmend in diesen Zuständen gefangen sind (beispielsweise durch »Endlosgrübelschleifen«) und wir immer weniger ins Hier und Jetzt zurückfinden und damit auch immer weniger in unserem gegenwärtigen Leben tatsächlich anwesend sind.

Warum ist es so wichtig, immer wieder im Hier und Jetzt zu sein? Nun, es ist der einzige Ort, an dem du tatsächlich lebst und dein Leben aktiv gestalten kannst. Alles andere ist eine Vorstellung, ein Traum oder eine Erinnerung. Wie gesagt, diese Zustände können hilfreich für uns sein. Es ist nichts dagegen einzuwenden, wenn du dich an einen schönen Moment erinnerst oder aus der Vergangenheit lernst oder das Essen für Sonntag planst. Nur sollten wir lernen, diese geistigen Verweilzustände bewusst zu erkennen, voneinander zu unterscheiden, und uns unabhängig davon machen, ihnen zwanghaft zu folgen oder sie für die Realität zu halten. Sie sind halt nur geistige Momente, Tagträume, selbst wenn sie sehr real und lebendig wirken. Letztendlich sind sie lediglich geistige Räume, in denen wir nichts verändern oder aktiv leben können. Das gelingt nur im gegenwärtigen Moment. Es sollte auch nicht der Eindruck entstehen, dass wir jetzt zwanghaft nur noch im gegenwärtigen Moment sein sollten, wenn wir Achtsamkeit praktizieren. Vielmehr geht es darum, bewusst mitzubekommen, was bei dir geschieht, in welchem Raum du dich befindest und ob er gerade hilfreich für dich ist. Es ist wichtig, die Illusionshaftigkeit dieser geistigen Räume zu erkennen, um dich besser steuern zu lernen, so dass du aktiv und bewusst von einem Raum in den anderen wechseln kannst, wie du es gerade brauchst.

Und wie kommt man in den gegenwärtigen Moment, wenn man feststellt, dass man in der Zukunft oder der Vergangenheit schwelgt? Ganz einfach: über den Kontakt zu deinen Sinnen.

Die Sinne als Anker nutzen

Da das Hier und Jetzt der einzige Raum ist, in dem wir Körper und Geist zusammenbringen können und der wirklich über unsere Körpersinne wahrnehmbar ist, nutzen wir unseren Körper als Werkzeug oder auch Anker, um uns mit dem gegenwärtigen Moment zu verbinden und damit den Geist (Bewusstsein) wieder mit dem Körper (Sinne) zusammenzubringen. Damit uns das immer leichter gelingt und für uns zur Gewohnheit wird, stärken wir im Achtsamkeitstraining den Körperbezug und körperliche Wahrnehmungsfähigkeit durch spezielle Übungen wie Body-Scan, Yoga und auch die Atemmeditation (die Atmung ist ein körperlich wahrnehmbarer Vorgang). Wir üben uns darin, bewusst bei dem zu sein, was geschieht. Bewusstheit ist hier ein wichtiger Schlüssel, denn nur Bewusstheit lässt uns erkennen, was ist. Erst wenn wir unsere Aufmerksamkeit bewusst auf etwas Wahrgenommenes richten, kommen die durch die Sinne transportierten Informationen bei uns im erkennenden Bewusstsein an. Du kennst mit Sicherheit Situationen, in denen du in einem Gespräch bist, doch die Worte, die du hörst, kommen nicht an, weil du deine Aufmerksamkeit woanders hast. Du hörst, ohne zuzuhören. Genauso sehen wir vieles, ohne es wirklich zu sehen, schmecken, ohne zu schmecken, fühlen, ohne zu fühlen. Erst wenn wir die geistige Aktivität der Bewusstheit (klar ausgerichtete Aufmerksamkeit und Aufnahmebereitschaft) eingeschaltet haben, können wir das, was unsere Sinne transportieren, auch wirklich bewusst wahrnehmen und die Informationen aufnehmen. In den Achtsamkeitsübungen trainieren wir uns darin, bewusst und wach bei der Sache zu bleiben und unsere Aufmerksamkeit, unser Bewusstsein, im Kontakt mit dem zu halten, was wir wahrnehmen. Auf diese Weise verbinden wir Geist und Körper wieder miteinander.

Körper und Geist wieder verbinden

Manchmal kommt es im Laufe unseres Lebens zur Trennung von Geist und Körper. Insbesondere wenn wir unseren Körper als Bedrohung erlebt haben, weil er Schmerzen gehabt oder Schlimmes durchgemacht hat. Dann entfernen wir uns mehr und mehr von der Körperwahrnehmung (Verweilzustand der Ignoranz = das Überlastungsrelais der Psyche) und bekommen die Signale des Körpers wie beispielsweise Hunger/Durst, Müdigkeit/Wachheit, Schmerz/Schmerzfreiheit, Anspannung/Entspannung, Wärme/Kälte gar nicht oder nur abgedämpft mit. Wir funktionieren zwar noch (Überlebensmodus), doch unsere Wahrnehmung ist positiv wie negativ stark eingeschränkt. Es ist nicht verwunderlich, dass es uns nun wesentlich schwerer fällt, für uns angemessen zu sorgen. Durch die mitfühlenden und sanften Achtsamkeitsübungen wie den Body-Scan oder das Yoga bekommen wir die Chance, unseren Körper und seine Empfindungen wieder vorsichtig zu entdecken, mit uns Freundschaft zu schließen und bei uns zu bleiben. Da wir permanent abgelenkt werden durch Gedanken und andere Reize und wir uns aktiv darin üben, bei uns und den jeweiligen Empfindungen zu bleiben, stärken wir außerdem durch sie auch unsere Sammlungsfähigkeit. Wir lernen, uns im gegenwärtigen Moment zu zentrieren, und das lässt uns unseren Stresshormonpegel in einem der Situation angemessenen

Maß halten, was auch immer gerade passiert. Das baut in uns mehr und mehr geistige Stärke, innere Gelassenheit und Ruhe auf, die dann ganz natürlich in uns sind, statt künstlich durch Entspannungsversuche hergestellt werden zu müssen. Diese Zentriertheit ist es, die uns hilft, mit uns und den sich permanent verändernden Zuständen unseres Lebens angemessen umzugehen. Angemessen bedeutet, weder mehr aus einer Situation zu machen noch sie herunterzuspielen oder auszublenden. Wir balancieren uns. Du wirst in vielen Situationen wesentlich gelassener reagieren, also weniger Stresshormone im Blut haben als vorher, auch ohne dass du dich von dem, was passiert, abzuschotten (Ignoranz) brauchst. Manches wird dich wahrscheinlich mit der Zeit auch gar nicht mehr aufregen. Doch es wird immer auch Situationen geben, in denen es wirklich angemessen ist, Angst zu haben oder wütend zu sein. Dies ohne Panik oder überschießende, alles zerstörende Aggressivität zu leben kann sehr konstruktiv und heilsam sein, denn diese Gefühle helfen dir, auch mal klar und deutlich Farbe zu bekennen, dich abzugrenzen und angemessen für dich einzutreten, ohne wie gewohnt aus Angst oder Angepasstheit »gute Miene zum bösen Spiel« zu machen. Angemessen bedeutet schlicht, so für uns zu sorgen, dass leidhafte Zustände beendet werden und zukünftigem Leid vorgebeugt wird. Nicht immer ist das in Reinform machbar, wir leben ja mit sehr vielen Menschen und Umständen auf engem Raum zusammen, dennoch können wir lernen, einen stimmigen und weisen Mittelweg für uns zu finden, der der aktuellen Situation und unseren jeweiligen Möglichkeiten entspricht.

Keine Sorge, es geht jetzt nicht darum, ein Super-Meditierer zu werden oder deinen Körper im Yoga in exotischen Positionen zu verrenken. Die Übungen bieten dir lediglich einen geschützten Rahmen, dich darin zu schulen, selbst zu erkennen, in welchem Verweilzustand du dich befindest, und dich bewusst auf das auszurichten, wo du mit deiner Aufmerksamkeit sein möchtest. Das ermöglicht dir, auch im Alltag mehr und mehr klare Entscheidungen zu treffen und dein Leben bewusst und selbstbestimmt und damit heilsam zu leben.

Zentrierung im Jetzt zum Ausprobieren

Du fragst dich jetzt bestimmt schon die ganze Zeit, wie das praktisch gehen soll. Stell dir vor, du isst gerade etwas, vielleicht ein Stück deiner Lieblingsschokolade. Eigentlich ist sie sehr lecker, aber du bist so sehr mit dem beschäftigt, was du gleich noch alles zu erledigen hast, dass du den Geschmack gar nicht mitbekommst. Du bist mit deiner Aufmerksamkeit in der Zukunft statt in der Gegenwart (in der sich dein Essen befindet). Wenn du jetzt absichtlich deine Aufmerksamkeit von den Gedanken über deine Aufgaben von später auf den jetzigen Geschmack in deinem Mund richtest oder auf das Aussehen und den Duft der Schokolade und sie bewusst siehst, riechst und schmeckst, dann bist du automatisch wieder in der Gegenwart. Du kannst also deine Sinne richtiggehend als Anker im Hier und Jetzt nutzen. Anfänglich braucht es etwas Übung, sich immer wieder mit den Sinneswahrnehmungen zu verbinden. Doch je mehr du das übst, desto leichter wird es dir fallen, in der Gegenwart zu bleiben. Zusätzlich wirst du immer mehr bewusst von deinem Leben mitbekommen. Du wirst dein Essen intensiver wahrnehmen und genießen können, genauso wie alle anderen Momente deines Lebens. So wirst du immer anwesender und präsenter in deinem Leben werden und es wahrhaft erleben.

Um das auszuprobieren, gibt es eine sehr effektive Übung, die ich gerne zu Beginn mit meinen Kursteilnehmern mache, die sogenannte *Rosinen-Meditation*. Und ich möchte dich jetzt ganz herzlich dazu einladen, mitzumachen. Denn über diese Übung wirst du schnell praktisch erleben, wovon ich hier gerade geschrieben habe. Du brauchst dafür jetzt eine Rosine. Alternativ kannst du auch eine andere Trockenfrucht wählen. Solltest du allergisch gegen Fruchtzucker sein, dann nimm dir etwas für dich passendes kleines Essbares, womit du die Übung ausprobieren möchtest. Leg dir die CD ein, wähle den Track und los geht's.

Die Rosinen-Meditation

Mach es dir sitzend bequem. Nimm die Rosine zwischen deine Finger. Schließe, wenn es dir angenehm ist, deine Augen. Richte nun bewusst deine volle Aufmerksamkeit auf deine Fingerspitzen, an die Stelle, wo du die Rosine gerade spürst, und beginne voller Aufmerksamkeit die Rosine zwischen deinen Fingern zu ertasten. Erforsche: Wie ist die Oberfläche beschaffen? ... Ist sie rauh oder glatt? ... Vielleicht etwas klebrig? ... Die Konsistenz weich oder eher fest? ... Bemerke, wenn deine Aufmerksamkeit abschweift, und bring dich wieder zurück zu den Empfindungen an deinen Fingerspitzen.

Nun führe die Rosine an deine Nase und rieche an ihr. Richte deine volle Aufmerksamkeit auf das Riechen. Zieh die Atemluft in deine Nase und finde die Stelle in deiner Nase, an der du den Duft wahrnehmen kannst. Welche Duftfacetten riechst du? Beobachte, wie dein Gehirn versucht, Worte und Schubladen für das zu finden, was du gerade riechst. Oder es präsentiert dir Erinnerungen, die mit dem Duft gekoppelt sind: Kuchenbacken, die Küche deiner Mutter ... was lösen diese Erinnerungen in dir aus? Wehmut oder Freude? Lächelst du? Bemerke schlicht, was in dir geschieht und wie du darauf reagierst. Vielleicht bemerkst du, dass du gerne noch ein wenig den schönen Erinnerungen hinterherhängen möchtest. Auch wenn dies sehr verständlich ist, kehre nun ganz bewusst wieder mit deiner vollen Aufmerksamkeit zurück zum reinen Riechen, zu der Luft, die durch deine Nase zieht und in einem bestimmten Bereich den Geruch der Rosine weitergibt.

Dann öffne deine Augen und schaue dir die Rosine genau an. So, als hättest du in deinem Leben noch nie eine Rosine gesehen. Wie ist die Oberfläche beschaffen, ihre Struktur? Wie bricht sich das Licht auf der Oberfläche der Rosine? Wie ist die Farbigkeit? Ist sie durchgängig gleich gefärbt, oder gibt es Farbunterschiede? Dann halte die Rosine gegen das Licht. Was kannst du nun sehen, und an was erinnert dich das, was du siehst? Vielleicht kannst du gerade in dir beobachten, wie dein Gehirn verschiedene Assoziationen bildet, beispielsweise »Es sieht aus wie Bernstein« ... So funktioniert unser Sicherungssystem: Gesehenes wird überprüft und einsortiert. Ist es uns unbekannt, wird es mit Bekanntem verglichen. Das erzeugt in uns Empfindungen von Sicherheit. Wenn wir es nicht einordnen können, aktiviert dies unser Alarmsystem.

Führe nun die Rosine an dein Ohr. Wenn du sie zwischen deinen Fingern ein bisschen hin und her bewegst oder auch knautschst, was kannst du hören? Wie wirkt dieses Geräusch auf dich? Reagierst du belustigt, oder stößt es dich eher ab? Bleib mit deiner Aufmerksamkeit bei dem

Geräusch, das du in deinem Ohr wahrnimmst. Solltest du abschweifen oder an etwas anderes denken, bring dich wieder zurück zu der aktuellen Wahrnehmung deines Ohrs.

Berühre nun mit der Rosine deine Lippen und beginne, die Rosine mit deinen Lippen zu ertasten. Was kannst du fühlen? Vielleicht kitzelt es? Kannst du auch hier die Struktur der Rosine ertasten, oder fühlst du etwas anderes? Was passiert in deinem Mund? Entsteht vielleicht mehr Speichel? Schlicht wahrnehmen, was geschieht. Wirst du vielleicht gerade etwas ungeduldig oder unruhig? Bemerke auch das. Welche Gedanken begleiten diese Ungeduld? Was passiert mit der Ungeduld, wenn du dich für diesen Moment noch mal ganz bewusst auf die Übung einlässt. Es ist einfach nur ein Experiment im Moment. Bring deine Aufmerksamkeit bewusst zu den Empfindungen deiner Lippen zurück.

Öffne nun den Mund und leg dir die Rosine bewusst auf die Zunge. Schließ den Mund und beginne, die Rosine mit der Zunge zu erforschen. Bitte noch nicht draufbeißen, erst einmal nur mit der Zunge wahrnehmen. Wie schmeckt sie? Schmeckt sie wie erwartet oder anders … vielleicht sogar gar nicht? Erscheint sie groß oder klein, hart oder weich, kalt oder warm? Verändert sie sich mit der Zeit? Wie reagiert dein Mund, erhöht sich der Speichelfluss? Wenn du abschweifst, was durchaus passieren kann, bring deine Aufmerksamkeit wieder zurück zu den Empfindungen deiner Zunge.

Beiß nun bewusst ein oder zwei Mal auf die Rosine. Wie verändert sich der Geschmack in deinem Mund, der Speichelfluss? Bemerke, ob sich in dir der Impuls regt, weiter kauen zu wollen und die Rosine endlich zu essen. Nimm den Impuls wahr, ohne ihm nachzukommen. Warte und koste den Geschmack der Rosine.

Zerkaue nun die Rosine. Kaue langsam. Bleib bewusst bei allen Empfindungen im Mund und beim Geschmack.

Wenn du die Rosine schlucken möchtest, achte darauf, wie deine Zunge den Schluckvorgang vorbereitet, indem sie alle Einzelteile der Rosine zusammensammelt. Wenn du sie schluckst, beobachte, bis zu welcher Stelle du die Rosine nach dem Schlucken noch spüren kannst. Wo hört deine Wahrnehmung der Rosine auf?

Nimm wahr, wie die Zunge nach dem Schluckvorgang den Mund reinigt. Ein Vorgang, den wir selten bewusst erleben.

Nimm wahr, wie die Zunge nun von Speichel geflutet wird und sich auf diese Weise selbst reinigt. Und wie verändert sich der Geschmack in deinem Mund?

Beende nun die Übung. Wenn du magst, nimm dir nun einen kurzen Augenblick Zeit und schreib deine Erfahrungen in deinem Notizbuch auf.

Und? Konntest du bemerken, wie deine Aufmerksamkeit immer mal wieder von Gedanken abgelenkt wurde? Hast du dich dann zu dem jeweiligen Sinn zurückholen können und dann wieder bewusst getastet, gerochen, geschaut, gehört und geschmeckt? Prima! Damit hast du eine wichtige Schlüsselerfahrung gemacht, denn dieses Prinzip, immer wieder wahrzunehmen, wenn du in Gedanken bist, wird dich von nun an begleiten. Und außerdem gehört dazu, immer wieder willentlich über einen deiner Sinne ins Hier und Jetzt zurückzukehren. Das ist der Schlüssel dafür, dich selbst aus destruktiven Gedanken zu lösen und neu auszurichten. Damit hast du gerade das Prinzip der Selbststeuerung erfahren und erprobt:

1. Erkennen (Achtsamkeit)
2. Entscheiden (was willst du alternativ)
3. Tun (aktive Umsetzung)

Dies wirklich anzuwenden ist ein Akt praktisch angewandten Mitgefühls dir selbst gegenüber. Diese Fähigkeit wird dir helfen, quälende und auch selbstzerstörerische Gedanken zu stoppen und dich von schädlichen Handlungsmustern zu befreien. Du bist deinen Gedanken und Vorstellungen also nicht mehr hilflos ausgeliefert. Du kannst entscheiden, wo du deine Aufmerksamkeit hinlenkst. Das mag vielleicht noch etwas ungewöhnlich sein, doch mit der Zeit wird es dir immer leichterfallen. Die Natur unterstützt dich darin, denn durch wiederholtes Anwenden dieses Prinzips bildet dein Gehirn neuronale Schaltkreise aus, die es dir ermöglichen, immer leichter und schneller auf die geübte Art zu funktionieren. Denn alles, was wir üben, können wir darum mit der Zeit immer besser. Umgekehrt baut die Natur alle Schaltkreise ab, die wir nicht mehr nutzen. So verlernen wir das, was wir unterlassen, mit der Zeit immer mehr. Du kennst das, wenn du beispielsweise umgezogen bist oder deinen Arbeitsplatz gewechselt hast und nun eine neue Strecke fahren musst. Es braucht etwas Zeit, bis das automatisch geht. In deinem Gehirn ist der alte Weg noch angelegt, und wenn du müde bist und nicht aufpasst, ist es dir bestimmt schon einmal passiert, dass du den alten Weg genommen hast und wieder umkehren musstest. Das ist die Macht der Gewohnheit. Nach ein paar Wochen passiert dir das nicht mehr, weil dein Gehirn den neuen Weg als Schaltkreis angelegt und das alte Schema sich langsam abgebaut hat.

So ganz wirst du über Jahrzehnte angelegte und gut geübte Verschaltungen wahrscheinlich nicht los. Sie lassen sich leicht erneut aktivieren, beispielsweise wenn du alte Gewohnheiten wieder aufnimmst. Das macht es auch so schwer, vielleicht schon lebenslang eingefahrene Verhaltensweisen dauerhaft zu verändern. Wir brauchen viel Bewusstheit, um auf dem neuen Pfad zu bleiben, denn wenn wir nicht aufpassen, aktivieren sich alte Verschaltungen sehr schnell wieder. Achtsamkeit hilft dir, deine Möglichkeiten jenseits der alten Bahnen zu erkennen, dann eine weise Wahl zu treffen und in dir die Kraft aufzubauen, auf dem Weg zu bleiben, den du gewählt hast. Eine heilsame Wahl zu treffen ist ein Akt des Mitgefühls, doch was genau ist Mitgefühl eigentlich, und was bedeutet Selbstmitgefühl?

Mitgefühl – was ist das eigentlich?

Beginnen wir erst einmal mit dem, was es nicht ist. Denn manche Menschen verwechseln Mitgefühl mit Mitleid. Das Wort Mitleid beschreibt schon den Unterschied. Statt mitzufühlen, leiden wir mit. Wir identifizieren uns mit dem Leid des anderen, als wäre es unser eigenes. Darüber verlieren wir uns im Leid und projizieren auch noch all unsere eigenen »offenen Baustellen« auf die Situation. Es kommt zu einer unreflektierten, meist unbewussten Vermischung von unseren Emotionen, Interpretationen und Erlebnissen mit denen der anderen Person. Und wir wissen beide, dass es dann schwierig wird, objektiv zu bleiben sowie konstruktiv und angemessen mit der Situation umzugehen, geschweige denn, für uns oder andere hilfreich zu sein oder angemessen für uns zu sorgen. Stresshormone überfluten uns, verzerren unseren Blick und trüben unser klares Denken. Bist du allerdings im Mitgefühl, so hast du eine kleine heilsame Distanz zu dem emotionalen Geschehen, dennoch bist du mit deinem Herzen und dem Jetzt warm und liebevoll verbunden. Du fühlst mit (du tust also nicht nur so), begibst dich allerdings nicht in den Sog des Mitleidens, du identifizierst dich nicht mit dem Leid des anderen. Du behältst dabei den Kontakt zu dir und zum Geschehen. Durch den Aspekt der Liebe wird der Fürsorge-Aspekt in dir angesprochen. Dadurch, dass du den Überblick behältst, kannst du auch die verschiedenen Handlungsmöglichkeiten, auch die Freiheit und die Entwicklungschance sehen, die in jedem unangenehmen und leidhaften Prozess verborgen sind – damit können leichter angemessene Entscheidungen gefällt werden. Sind wir im Leid oder auch Mitleid gefangen, entsteht ein natürlicher Stress-Tunnelblick und eine damit einhergehende Fokussierung auf das Problem, ja eine regelrechte »Problem-Trance«, durch die wir alle anderen Perspektiven verlieren. Sich dessen bewusst zu sein und sich absichtlich nicht in diesen Sog zu begeben, also das Leid zwar zu sehen, aber auch das Gesamte im Auge zu behalten, das ist Weisheit. Weisheit ist jedoch mehr als nur bloßes intellektuelles Verstehen. Es ist Wissen gekoppelt mit Erfahrung darüber, wie Leid entsteht und wie es wieder aufgelöst werden kann und was es dafür zu tun und zu lassen gibt. Mitgefühl ist das gefühlte Wissen um Leid, da wir es selbst erfahren und gemeistert haben. Mitgefühl ist eine Herzensqualität unabhängiger unbedingter Liebe. Diese

Liebe meint jedoch nicht die romantisch verklärte Liebe, sondern es ist die verbindende Kraft, uns alle in unserer puren Empfindsamkeit und Verletzlichkeit zu sehen und zu erkennen.

Jedes fühlende Wesen strebt danach, glücklich zu sein und leidvolle/schmerzvolle Zustände zu vermeiden. Wir gleichen uns darin. Auch wenn wir uns vielleicht eine disziplinierte und abgeklärte Haltung zugelegt haben, darunter ist ein weicher empfindsamer Kern, der durch die Rüstung unserer Disziplin geschützt werden soll – aus Angst vor Berührung, aus Angst vor Verletzung. Diese Verletzlichkeit ist unser Anknüpfungspunkt. Im Mitgefühl lernen wir, hinter die Rüstung zu schauen, hinter unsere, und damit eben auch hinter die aller Lebewesen, die unseren Weg kreuzen. Je näher du dir selbst kommst, desto leichter wirst du andere erkennen. Mitgefühlspraxis enttarnt uns alle. Plötzlich können wir sehen, dass das Gegeneinander nichts anderes ist als Angst – und Tarnung aufgrund von Angst. Je stärker die Abwehr, desto größer die Not und das Leid. Das ist natürlich.

Einer der Hauptgründe, warum wir so viel Angst haben, liegt darin, dass wir die Wahrheit der Vergänglichkeit ignorieren. Und wenn sich Veränderung einstellt, versuchen wir, uns so gut wie möglich zu betäuben.

Sogyal Rinpoche

Im Mitgefühls- und Achtsamkeitstraining beginnen wir, vorsichtig diese Abwehr aufzulösen, indem wir uns schlicht und undramatisch darin üben, da zu sein, Kontakt aufzunehmen zu dem, was ist, statt dagegen anzukämpfen oder zu flüchten. Wir sehen, dass wir leiden, weil wir Vergängliches für beständig gehalten haben und nun enttäuscht sind und alles dafür tun, um unsere Sicherheit wiederherzustellen. Wir schauen uns selbst zu, wie wir versuchen, jemand anderen darzustellen, als wir sind; wie wir uns rausreden, andere angreifen, uns groß machen oder ganz klein; wie wir wild um uns schlagen oder versuchen, uns durch Alkohol, Essen, Arbeit, Fernsehen, Internet, Spiele, Party und Sex zu betäuben. Wir lernen uns kennen mit all unseren Macken und Manövern und sehen unter unserer Wunde unseren zarten weichen Kern aufblitzen. Wir lernen uns auszuhalten, bei uns zu bleiben, uns sanft zu versorgen, uns zu beruhigen, statt uns im Stich zu lassen oder die Verantwortung anderen in die Schuhe zu schieben. Mitgefühl heißt fühlen. Dableiben. Kontakt halten. Ohne Drama. Ohne Übertreibung. Ohne sich abzuschalten und das, was ist, vermeiden zu wollen. Du fühlst dich. Und plötzlich erkennst du dich in den anderen. Es entsteht eine sanfte Zärtlichkeit dir gegenüber und mit der Zeit auch anderen gegenüber. Ganz schlicht. Ohne rosa Zuckerguss. Es ist ein Berührt-Sein, ohne dass es dich schmerzt.

Wie oft weichen wir dem Kontakt mit leidenden Menschen aus, weil er uns so sehr schmerzt. Es schmerzt, sie so zu sehen. Es schmerzt, weil wir an unsere eigenen Schmerzen und Baustellen erinnert werden und an unser Unvermögen, damit umzugehen. Schnell versuchen wir, das Leid dann wegzureden oder werden ärgerlich, wenn unsere guten Ratschläge nicht angenommen werden, und wenden uns ab. Hast du dich jedoch mit dir und deinem eigenen Schmerz vertraut gemacht, kannst du bleiben. Du brauchst das Leid des anderen nicht mehr »wegzumachen«, brauchst es nicht zu lösen, brauchst niemanden krampfhaft zu retten. Du kannst dabeibleiben, es aushalten, es sich entwickeln lassen. Du hast Erfahrung. In diesem Prozess sind Mitgefühl und

Weisheit ein unschlagbares Team. Weisheit entsteht immer dann, wenn wir selbst schon einige schwierige, leidvolle Situationen in unserem Leben gemeistert haben. Es »meistern« meint, es nicht einfach nur durchgestanden, sondern wirkliche Qualitäten daraus entwickelt zu haben: unsere menschlichen Qualitäten der Herzensgüte, der Fürsorge, des Wissens um die Zusammenhänge der Dinge und um die Mittel, die dir helfen, zukünftig angemessen mit Schwierigkeiten umgehen zu können.

Alles das beginnt bei dir selbst. Darum wird es in diesem Training in erster Linie um die Kultivierung von Mitgefühl dir selbst gegenüber gehen. Keine Sorge, es wird sich in deinem ganz persönlichen Tempo nach deinen jeweiligen Möglichkeiten entwickeln, in einem langsamen, sanften und schrittweisen Prozess über Wochen, Monate und auch Jahre. Du hast bereits alles, was es braucht. Übe einfach die Übungen und lass sich einfach entfalten, was sich entfalten möchte. Es kann ohnehin nicht forciert oder beschleunigt werden. Es ist wie bei einem Samenkorn, das bereits alle Informationen beinhaltet. Es braucht nur geeignete Bedingungen wie Erde, Feuchtigkeit und Wärme. Den Rest erledigt die Zeit. In dir schlummert dieses Samenkorn. Du bist dieses Samenkorn. Die Übungen sind die Erde und die Wärme, und indem du dich jeden Tag dem ein bisschen widmest, wird alles zu seiner Zeit aufgehen. Probier es einfach aus.

Wie spielen Achtsamkeit und Mitgefühl zusammen?

Achtsamkeit hilft uns, überhaupt erst einmal mitzubekommen, was geschieht, und das auf so wertneutrale und objektive Weise, wie es uns gerade möglich ist. Wir erkennen beispielsweise, dass wir uns in einer schwierigen Situation befinden, die mit Gefühlen von Wut und Angst einhergeht. Würden wir das nicht wahrnehmen, könnten wir uns dem gar nicht mitfühlend zuwenden. Achtsamkeit schützt uns durch seine natürliche Qualität der Offenheit und Wertneutralität davor, in den Sog des Leidens hineinzugeraten. Sie hält eine zarte, heilsame Distanz zum Geschehen, ohne dass wir uns vom Geschehen abzuwenden oder es zu bekämpfen bräuchten. Wir bleiben damit ganz natürlich im Kontakt, können mitfühlen und sehen, was passiert, und bleiben dabei handlungsfähig. Kopf und Herz bilden eine Einheit, und so können wir alle unsere menschlichen Qualitäten mit in das Geschehen einbringen.

Doch wie kriegen wir das alles unter einen Hut, geschweige denn im Alltag gelebt? Keine Sorge. All das ist in dir schon längst vorhanden. Es ist grundlegender Teil deiner menschlichen Natur. Manches davon ist allerdings vielleicht im Laufe deines Lebens verschüttet, aberzogen, nie gefördert worden, oder du hast durch schlechte Erfahrungen oder mangels hilfreicher liebevoller Vorbilder diese menschlichen Eigenschaften nicht oder nur unvollständig entwickeln können. Vielleicht erlebst du dich als hart. Doch Härte ist oft ein Schutzmechanismus, um etwas ganz Zartes, Weiches zu schützen, was sehr, sehr berührungsempfindlich ist. Meiner Erfahrung nach sind die »härtesten« Menschen die mit dem weichsten, zartesten Kern und der größten Angst davor, dass dieser berührt wird. Lass es uns langsam angehen. Du gehst in deinem Tempo, und solltest du mit diesem Kurs das Gefühl haben, es geht dir alles zu schnell, dann bleib einfach noch eine Weile in der jeweiligen Woche und geh weiter, wenn du bereit bist, wieder einen Schritt mehr aus deinem Kokon herauszugehen. Einverstanden?

Alle Übungen, die du in diesem Buch hier findest, dienen dazu, dich in einem sicheren Rahmen auszuprobieren und dich mit dir selbst anzufreunden. Und neben den Übungen, die du auf deinem Meditationsplatz oder deiner Yoga-Matte übst, gibt es immer auch andere, mit denen du in deinem Alltag experimentieren kannst. Eine davon sind die folgenden *acht Grundlagen*. Es kann hilfreich sein, wenn du dir daraus eine kleine Merkliste erstellst, die du dir dann an einen Platz in deiner Wohnung oder in deiner Arbeit hängst. Du solltest möglichst öfter mal am Tag daran vorbeikommen und dich dadurch immer mal wieder an eine mitfühlende Haltung erinnern lassen. Du wirst sehen, mit der Zeit fließen diese Anregungen in deinen Tag, und du wirst mehr und mehr mitfühlend und achtsam leben. Diese Punkte umzusetzen ist ein Lebensprojekt. Du hast also viel Zeit und kannst es ganz entspannt angehen lassen. Es gibt hier eh kein »Können«, sondern nur ein beständiges Ausprobieren, Üben und Einlassen.

Die acht Grundlagen der selbstmitfühlenden Achtsamkeit

1. Wertneutralität

Nimm immer mal wieder im Alltag die Position eines neutralen Beobachters ein, der nur zuschaut, was geschieht. Beschreibe, was du siehst, auf der Faktenebene, nicht auf der Meinungs- oder Interpretationsebene. Was siehst du? Was hörst du? Was riechst du? Enthalte dich erst einmal aller Kommentare, Interpretationen oder Meinungen. Bleibe im Kontakt mit dem, was gerade geschieht. Wende dich nicht ab, zerrede es auch nicht. Schau, bleib dabei, beobachte. Versuche so offen wie möglich im Kontakt mit dem zu bleiben, was geschieht. Das kann bedeuten, dass du einfach mal deinem Gegenüber zuhörst, ohne sofort etwas »Kluges« oder »Tröstendes« sagen zu müssen. Wirklich anwesend und präsent zu sein kann sehr heilsam sein.

2. Geduld

Geduld bedeutet anzuerkennen, dass alles seine Zeit hat, und dem, was geschieht, den Raum und die Zeit zuzugestehen, die es für seine Entfaltung braucht. Es gibt Situationen, die können wir beschleunigen, andere entziehen sich unserem Einsatz. Die Natur hat halt ihr eigenes Tempo, und so hat alles seine Zeit: die Trauer, die Freude, die Krankheit, die Heilung. Jeder Grashalm, jedes Blatt hat seine eigene Zeit zum Wachsen, Gedeihen und schließlich auch zum Vergehen. Erinnere dich während des Tages immer mal wieder daran. Es ist ein Akt des angewandten Mitgefühls und der Achtsamkeit dir selbst und anderen gegenüber, dies immer wieder mit zu berücksichtigen, gerade dann, wenn es dir nicht schnell genug geht. Komm dann zurück in diesen Moment, und erlaube dir, hier zu sein. Genau jetzt in diesem Moment deines Lebens. Ganz gleich, wie er aussieht, ob er dir gefällt oder nicht. Alles kommt, alles geht, alles hat seine Zeit auf dieser Erde.

3. Anfängergeist

Sei dir bewusst, dass kein Moment und kein Ablauf dem vorangegangenen im Detail gleicht. Es gibt keinerlei Wiederholungen. Jede Situation ist damit vollkommen neu. Sich im Anfängergeist zu üben bedeutet, die Welt und alles, was darin geschieht, immer wieder neu und wie zum ersten Mal zu betrachten. So ist auch nichts mehr selbstverständlich. Alles in deinem Leben, in deinem Körper wird zu etwas Wunderbarem. Dass wir auf dieser Erde den perfekten Abstand zur Sonne haben und so hier leben können, ist ein Wunder. Dass wir bis heute überlebt haben, ist ein Wunder. Beginne dir bewusst zu werden, wie viel Kostbarkeit dich umgibt und auch in dir ist und die dich durch deinen Körper und wachen Geist tagtäglich begleitet. Alleine sich dessen bewusst zu werden ist wunderbar, und plötzlich ist nichts mehr gewöhnlich. Damit bist du vollkommen wach und freudvoll mit allem in Kontakt. Das ist freudvolle Achtsamkeit.

4. Vertrauen

Vetrauen kommt von »sich vertraut machen«. Damit beginnt es. Nicht jeder ist gleich vertrauensvoll. Manchmal hat das Vertrauen in dich selbst, aber auch in Menschen und die Umgebung durch schmerzhafte Lebenserfahrungen sehr gelitten. Doch du kannst es langsam wieder aufbauen. Yoga, Meditation und Body-Scan werden dir dabei helfen, indem sie dir einen geschützten Rahmen geben, dich bewusst und ungestört mit dir selbst und den Empfindungen und Abläufen in deinem Körper, deinem Geist und mit dem, wie beide miteinander zusammenhängen, (wieder) vertraut zu machen. Dadurch wächst mit der Zeit dein Zutrauen in dich selbst. Du erkennst, dass nichts einfach nur so da ist, sondern immer eine Ursache und dann eine Auswirkung hat. Du lernst, wie du dich selbst steuern, regenerieren, nähren und versorgen kannst. Und du erlebst zunehmend, wie du auch genährt und unterstützt wirst von dem, was dich umgibt, wie die Natur oder auch Menschen, die du vielleicht bisher nie auf diese Weise wahrgenommen hast. Das schafft mit der Zeit das Vertrauen und die Fähigkeit, dich immer mehr auf die natürlichen Prozesse des Lebens einlassen zu können.

5. *Offenheit*

Offenheit ist die Fähigkeit, alles, was geschieht, ganz natürlich kommen und gehen zu lassen, es bewusst wahrzunehmen, jedoch ohne sich darin zu verfangen oder es zu verfestigen oder dich damit zu identifizieren. Jeder Moment ist einzigartig. Er geschieht mit allen seinen Reizen und Sinneseindrücken, die für kurze Zeit in unserer Wahrnehmung sind und sich dann sofort wieder auflösen. Alles verändert sich, unaufhörlich. Übe dich darin, dich immer wieder für den gegenwärtigen Moment zu öffnen, ohne das, was geschieht, festzuhalten. Lass es passieren, nimm bewusst teil und lass es vorüberziehen. So bleibst du immer wieder offen für den jeweiligen neuen gegenwärtigen Moment.

6. *Akzeptanz*

Akzeptanz bedeutet, die Dinge anzunehmen, wie sie sind, statt mehr daraus zu machen (Drama) noch sie herunterzuspielen oder zu verdrängen (Ignoranz). Du brauchst eine Situation weder toll zu finden noch irgendeine andere Meinung dazu zu haben. Es reicht vollkommen, sie da sein zu lassen, ohne sofort etwas damit machen zu müssen. Sie ist da. Es ist, wie es ist. Punkt. Dabei geht es hier nicht um eine alles hinnehmende fatalistische Haltung, sondern um ein ganz bewusstes, waches Anerkennen von dem, was ist. Wir gucken hin, nicht weg. Wir machen nicht mehr und nicht weniger draus. Erst wenn wir im Kontakt sind mit dem gegenwärtigen Moment in all seinen Facetten, sind wir in der Lage, anschließend damit umzugehen. Die Dinge anzunehmen, wie sie sind (Akzeptanz), ist die Basis jeglicher Veränderung und Heilung.

7. Loslassen

Loslassen ist deine bewusste Entscheidung, deinen geistigen Klammergriff zu lösen, deine geistige Hand zu öffnen. Doch das geht erst, wenn dir bewusst ist, *dass* du klammerst. Das können Gedankengänge, Menschen oder Situationen sein. Dabei kann dir die Achtsamkeit auf deinen Körper sowie auf deine geistigen Prozesse sehr helfen, denn mit wachsender Übung wirst du mehr und mehr mitbekommen, wenn du dich in etwas verbeißt oder verrennst. Erkennen, entscheiden, umsetzen ist dann das praktische Vorgehen, dich zu lösen. Erst erkennst du, dass du festhältst, dann entscheidest du dich, deine Aufmerksamkeit auf etwas anderes zu richten. Du fokussierst dich beispielsweise auf deinen Atem oder deine aktuelle Tätigkeit und nimmst dann direkten Kontakt zu dem Sinn auf, der jetzt gerade am stärksten im Einsatz ist. Wenn du also gerade Auto fährst und dein stärkster Sinneseindruck das Motorengeräusch ist, dann höre dieses ganz bewusst. Wenn es grad mehr zu sehen gibt, dann schaue bewusst, oder wenn du dein Lenkrad gut fühlen kannst, dann spüre bewusst dein Lenkrad in deinen Händen. Gerade wenn du in destruktiven quälerischen Gedankenprozessen festhängst (und es sollte klar sein, dass *du* dich daran festhängst, nicht die Gedanken an dir – Gedanken haben keinen eigenen Willen), ist es ein Akt des Selbstmitgefühls, diesen Zustand so schnell wie möglich zu beenden. Es wird nicht besser, weil du noch mal dreißig gleiche quälende Grübelschleifen drehst. Ganz im Gegenteil. Je früher du es bemerkst, desto leichter wird es dir fallen, loszulassen, und desto kürzer ist deine Leidenszeit.

8. Liebe und Selbstmitgefühl

Liebe und Selbstmitgefühl helfen dir dabei, freundlich und gelassen mit dir umzugehen, wenn du zum Beispiel merkst, dass du es immer noch nicht geschafft hast, Gedanken und Erinnerungen ziehen zu lassen, wenn du mal wieder ganze Abschnitte deines Tages und auch der Übungsanleitungen verpasst hast, weil du dich dem Grübeln und Tagträumen hingegeben und daraufhin deine Geduld verloren hast. Liebe und Selbstmitgefühl lassen dich bei aller Frustration und Mühe eine kompromisslose Offenheit bewahren und stellen dich innerlich immer wieder freundlich und wohlwollend auf deine anfänglich noch wackeligen Achtsamkeitsfüßchen. Du bleibst im Kontakt mit dir, auch wenn du beim Üben deiner ersten Schritte mal wieder auf die Nase gefallen bist. Es geht darum, innerlich mehr und mehr eine Haltung des Wohlwollens dir selbst gegenüber zu kultivieren, die sich am Anfang vielleicht noch etwas künstlich anfühlt, mit der Zeit aber vertrauter und natürlicher für dich wird. Wahrscheinlich ertappst du dich während deiner Übungen immer mal wieder dabei, dass du dich ziemlich hart kritisierst, nörgelnd mit dir redest oder forsch mehr Leistung von dir forderst. Beobachte, was diese Worte und inneren Tonlagen in dir auslösen. Wer hat in deinem Leben mit dir schon so geredet? Vielleicht hörst du dich Sätze sagen, die du von deinen Eltern her kennst. Erlaube dir, neue Formulierungen und Tonlagen zu finden, die sich für dich angenehmer anhören, dich beruhigen und dich fördern statt zu (über-)fordern oder dich abzukanzeln. Das geschieht nicht mal eben von heute auf morgen, es ist unter Umständen ein langer, vielleicht sogar lebenslanger Prozess. Doch mit der Zeit wirst du merken, dass sich eine sanftere Haltung in dir auszudrücken beginnt und du auch wohlwollender und verständnisvoller mit anderen umgehst. Das ganze Programm wird dich hierin unterstützen.

Wohlwollend achtsame Zuwendung

Nachdem wir uns jetzt so viel mit Theorie beschäftigt haben, ist es wieder an der Zeit für ein bisschen Praxis. Im Folgenden möchte ich dich nun mit dem *Body-Scan mit Selbstmitgefühl* vertraut machen, der dir in vielerlei Hinsicht gute Dienste leisten wird. Zum einen stärkt er mehr und mehr deine Verbindung zum Körper, und zwar auf eine sanfte, undramatische Art und Weise. Zum anderen übst du dich darin, deine Aufmerksamkeit willentlich zu lenken und nicht mehr Spielball deiner Gedanken zu sein. Und er hilft dir, dich zu balancieren: Wenn du unruhig bist, dich zu beruhigen, und wenn du schläfrig bist, dich wieder etwas zu aktivieren. Selbst wenn du Schmerzen hast und es vielleicht bisher eher vermieden hast, dich mit deinem Körper zu beschäftigen, kann dir der Body-Scan helfen, eine neutralere Haltung zu den schmerzenden Körperbereichen aufzubauen, so dass du den Kontakt nicht mehr vermeiden musst. Es geht nicht darum, dass der Schmerz weggehen soll, sondern nur darum, dass du ihn da sein lassen kannst und dir nicht dauernd Horrorgeschichten dazu im Kopf erzählst.

Unsere Geschichten, die wir uns im Kopf erzählen, erzeugen in uns das Leid. Wenn die Geschichten ausbleiben, lässt es sich mit den körperlichen Symptomen meist leichter leben. Widerstand ist das, was unseren Körper in Stress und

Spannung bringt. Das erzeugt noch mehr Schmerz und Leid. Ähnlich verhält es sich, wenn wir unsere gegenwärtige Situation mit unserer Vision eines schmerzfreien, glücklichen und perfekten Lebens vergleichen und an der Diskrepanz zwischen Wunsch und Wirklichkeit leiden. Lernen wir langsam und vorsichtig zuzulassen, was ist, hört der Widerstand und damit auch das Leiden an der Situation auf. Dann entspannt sich der Körper, und Schmerzen reduzieren sich.

Apropos Entspannung: Auch wenn du es dir im Body-Scan so gemütlich wie möglich machst, sei nicht zu enttäuscht, wenn du nicht vollkommen entspannt bist. Es geht hier darum, einen geistigen Zustand entspannter Wachheit zu kultivieren. Dieser Zustand hat meist eine kleine Restspannung, da du sonst einschläfst, und das wäre nicht im Sinne der Übung. Dennoch kann es passieren, dass du dich sehr tief entspannst und auch einschläfst, oder du bist total kribbelig und ungeduldig, fühlst dich von der Übung komplett gestresst. Lerne alle diese Zustände kennen und lass dich davon nicht beeindrucken. Es sind ganz normale Zustände, die du auch aus deinem Alltag kennst. Mit der Zeit wird es darum gehen, dass du lernst, dich auszubalancieren: Wenn du zu schläfrig wirst, wieder etwas wacher zu werden, und wenn du zu gestresst bist, wieder etwas lockerzulassen. Mach dir keinen Kopf, probier es einfach mal aus.

Vorbereitungen und Hinweise für den Body-Scan mit Selbstmitgefühl

Mach es dir für den Body-Scan immer so gemütlich und angenehm wie möglich. Du kannst im Sitzen oder auch im Liegen üben, wie du es gerade magst. Solltest du in deinem Leben schon mal ein Trauma erlitten haben (beispielsweise einen Unfall, Missbrauch o.Ä.), empfehle ich die sitzende Position, und erlaube dir bitte, dich im Body-Scan auch zu bewegen, sollte es notwendig sein. Diese Übung ist dazu gedacht, dass du dich mit deinem Körper wieder ein wenig vertraut machst und dir durch die Zeit des Body-Scans freundliche wohlwollende Aufmerksamkeit schenkst. Geh es locker an. Manchmal wirst du merken, dass du dich vielleicht gar nicht sammeln kannst, ganz kribbelig und ungeduldig wirst oder dich fragst, ob du das alles richtig machst. An anderen Tagen wirst du den Body-Scan vielleicht genießen und so entspannt sein, dass du einschläfst. Das alles sind zutiefst menschliche Reaktionen, all das ist ganz normal und vollkommen in Ordnung. Beobachte es einfach. Es kann durchaus geschehen, dass du schläfrig wirst und dann auch mal nicht bei der Sache bist. Nimm dies schlicht zur Kenntnis. Irgendwann bist du wieder wach. Du kannst ausprobieren, ob du mit geöffneten Augen leichter wach bleiben kannst, oder dich einfach auch mal hinsetzen, wenn du im Liegen immer wieder einschläfst. Vielleicht hilft es dir auch, einen tiefen, erfrischenden Atemzug zu nehmen. Schau, was dir guttut. Was immer geschieht, geh freundlich und wohlwollend mit dir um. Solltest du während des Body-Scans an Körperbereiche kommen, die schmerzen oder auf irgendeine Weise gerade unpässlich sind, dann experimentiere mal damit, ihnen innerlich etwas Freundliches, Wohlwollendes zu wünschen, wie beispielsweise: »Mögest du wieder in deine Kraft finden« oder »mögest du dich entspannen und zur Ruhe kommen«. Es mag sich vielleicht am Anfang künstlich anfühlen, gerade wenn du dich über den Schmerz ärgerst, aber es kann mit der Zeit eine heilsame Alternative zum Ärger werden und dich darin unterstützen, Frieden mit dir und deinem Körper zu schließen. So, und nun wünsche ich dir viel Freude mit dem *Body-Scan*.

Der Body-Scan mit Selbstmitgefühl

Setz oder leg dich bequem hin und mach es dir so richtig gemütlich.

Wenn du magst, schließe sanft deine Augen. Du kannst sie aber auch geöffnet lassen, wie immer du es gerade magst.

Komm nun ganz bewusst auf deinem Platz an. Fühl den Boden unter dir. Erspüre, wie dein Körper im Kontakt ist mit der Matte. Gibt es Bereiche deines Körpers, die fest auf der Unterlage aufliegen oder sich regelrecht in die Matte schmiegen? Vielleicht dein Kopf, deine Schultern, dein Gesäß? Und an welchen Stellen kannst du möglicherweise etwas Abstand vom Körper zur Unterlage wahrnehmen?

Nun wende dich dir bewusst zu und schenke dir deine volle Aufmerksamkeit. Schau mal, wie geht es dir gerade? Bist du angespannt von den vergangenen oder noch kommenden Ereignissen des Tages oder eher ruhig und entspannt, vielleicht müde oder gar schläfrig? Wie auch immer du dich im Moment fühlst, erlaube dir, dass es gerade genau so sein darf. Du darfst so sein. Es ist einfach eine Momentaufnahme deines Zustandes jetzt.

Richte nun deine Aufmerksamkeit bewusst auf deinen Atem. Erlaube dir, deinen Atem zu spüren. Vielleicht kannst du sein Ein- und Ausströmen fühlen ... oder wie er deinen Körper bewegt ... sanft die Bauchdecke hebt – beim Einatmen ... und sanft die Bauchdecke wieder absenkt – beim Ausatmen.

Spüre für ein paar Augenblicke bewusst deinen Atem und zentriere auf diese Weise deine Aufmerksamkeit.

Es mag sein, dass du gerade bemerkst, dass deine Gedanken anfangen zu wandern, dass du anfängst zu träumen oder zu planen. Das ist nicht schlimm. Bemerke es einfach, und dann bring dich freundlich, aber auch entschieden wieder zurück zum Spüren deines Atems.

Und nun mach dich bereit für den Beginn des Body-Scans.

1. Geh mit gesammelter Aufmerksamkeit ganz bewusst hinunter zu deinen beiden Füßen. »Hallo Füße! Wie geht's euch gerade?« Sei dir bewusst, sie tragen dich schon dein ganzes Leben. Auf ihnen lastet dein ganzes Gewicht. Schenke ihnen ein bisschen von deiner Zeit und deiner liebevollen Aufmerksamkeit. Sie haben es verdient! Was kannst du zum Beispiel jetzt gerade in diesem Moment an deinen beiden Füßen wahrnehmen? Vielleicht ein leichtes Kribbeln an den Zehen, Wärme, Kälte ... Vielleicht kannst du auch, je nachdem, ob du liegst oder sitzt, die Berührung des Bodens unter deinen Füßen wahrnehmen, einen leichten Gegendruck? ... Die Schwere deiner Fersen? ... Was auch immer es ist: Erlaube dir, dass alles genau so sein darf, wie es jetzt gerade ist, ohne es zu bewerten oder gar abzulehnen.

2. Wende dich nun mit freundlicher Aufmerksamkeit deinen Unterschenkeln zu. »Hallo Unterschenkel! Wie geht's euch gerade?« Was kannst du in diesem Moment an deinen Unterschenkeln wahrnehmen? ... Vielleicht die Berührung des Stoffs deiner Kleidung, die Berührung des Bodens? ... vielleicht Wärme oder Kühle? ... Was auch immer es ist: Erlaube dir, es wahrzunehmen, so, wie es jetzt gerade ist. Selbst wenn du gerade nichts Bestimmtes wahrnehmen kannst; es ist vollkommen in Ordnung so. Dann ruh dich aus, mach eine kleine Pause bei deinen Unterschenkeln.

3. Dann geh weiter mit deiner Aufmerksamkeit zu deinen beiden Knien. »Hallo Knie! Wie geht's euch jetzt in diesem Moment?« Auch deine Knie haben schon viel mitgemacht. Sie haben dich getragen, puffern Sprünge und Unebenheiten ab, machen deinen Gang geschmeidig. Vielleicht haben sie schon Schaden genommen und schmerzen. Schenke ihnen deine liebevolle Aufmerksamkeit. Vielleicht magst du deinen inneren Blick weich auf ihnen ruhen lassen. Und dann schau mal, was kannst du gerade an oder in deinen Knien spüren? Schmerzen sie? .... Oder geht es ihnen recht gut? .... Welche Empfindungen kannst du sonst noch an oder in deinen Knien wahrnehmen? ... Vielleicht kannst du auch gerade nichts Bestimmtes wahrnehmen ... Auch das darf sein. Vielleicht magst du deinen Knien etwas Freundliches wünschen wie »Möget Ihr stark sein« oder »Möget Ihr geschmeidig und beweglich sein«. Experimentiere ein bisschen damit. Auch bei anderen Körperteilen, die deine Fürsorge gerade gut brauchen können.

Bemerke, wenn deine Aufmerksamkeit abschweift. Vielleicht langweilst du dich und beschäftigst dich in Gedanken mit etwas vermeintlich Interessanterem oder Wichtigerem. Das passiert. So ist unser Geist. Nutze die Gelegenheit, dich ein wenig in Sammlung zu üben: Bemerke, dass du abschweifst, und dann nimm dich innerlich liebevoll an die Hand und bring dich freundlich, aber auch bestimmt wieder zurück mit deiner Aufmerksamkeit zu deinen Knien. Das ist alles.

4. Nun geh weiter zu deinen Oberschenkeln. »Hallo Oberschenkel!« Lass deinen inneren Blick freundlich und sanft auf deinen Oberschenkeln ruhen. Schenke ihnen deine Aufmerksamkeit. Was spürst du gerade in deinen

Oberschenkeln? ... Vielleicht eine leichte Spannung der Muskulatur? ... Oder gar Muskelkater vom Sport? ... Vielleicht ist da aber auch Lockerheit ... Entspanntheit ... oder auch gar nichts Bestimmtes ... Erlaube dir – ganz gleich, was es ist – es einfach nur wahrzunehmen, dabeizubleiben und im Spüren bei deinem Körper innerlich Pause zu machen. Alles darf sein, wie es ist.

5. Richte nun deine Aufmerksamkeit auf dein Gesäß. Was kannst du jetzt gerade in diesem Moment an deinem Gesäß empfinden, wahrnehmen? ... Was taucht auf? ... Ist die Muskulatur locker oder angespannt? ... Vielleicht kannst du auch den Untergrund wahrnehmen: Wenn du liegst, spürst du vielleicht den Kontakt zur Matte – wenn du sitzt, den Stuhl ... Druck – Gegendruck ... die Festigkeit oder die Weichheit des Untergrundes.

6. Wende dich jetzt mit einem freundlichen inneren Blick deinem Rücken zu. »Hallo Rücken! Wie geht's dir?« Was spürst du hier jetzt gerade, in diesem Moment? ... Vielleicht hast du in einem Bereich deines Rückens im Augenblick Schmerzen? ... Dann stell dir vor, wie du diese schmerzende Stelle mit dem Atem oder mit deinem liebevollen Blick sanft streichelst. Schmerz ist ein Zeichen dafür, dass dein Körper an dieser Stelle aus dem Gleichgewicht gekommen ist und er nun alles dafür tut, dich zu schützen. Und er leistet hier gerade Schwerstarbeit – versucht durch Muskelspannung den Bereich zu stabilisieren, durch Entzündung und Wärme sich selbst zu heilen. Schmerz ist nur ein Signal, dass diese Prozesse dort gerade ablaufen, und als Bitte deines Körpers zu verstehen, dieser Stelle deine freundliche Fürsorge zu schenken. Statt dich also über deinen »nicht richtig« funktionierenden

Körper zu ärgern, unterstütze ihn mit deiner liebevollen, wohlwollenden Aufmerksamkeit. Vielleicht magst du auch einen freundlichen Wunsch mit in die Übung geben wie »Mögest du dich bald wieder wohl und kraftvoll fühlen«.

7. Löse dich von deinem Rücken und wende dich mit freundlicher und offener Haltung deinem Brustraum zu. Was kannst du hier jetzt wahrnehmen? Wenn du magst, kannst du gerne deine Hände auf deinen Brustraum legen und so den Kontakt mit dir intensivieren. Manchmal erleichtert das Auflegen der Hände, dich mehr zu spüren. Vielleicht spürst du, wie der Brustkorb sich mit der Einatmung sanft ausdehnt und mit der Ausatmung wieder zusammenzieht. .... Vielleicht spürst du auch dein Herz schlagen. ... Was auch immer du vorfindest: Erlaube dir, dass es genau so sein darf. Vielleicht tauchen auch Emotionen auf. Registriere sie und erlaube ihnen, da zu sein, doch ohne dich weiter mit ihnen zu beschäftigen.

8. Richte nun deine Aufmerksamkeit auf deinen Bauchraum. »Hallo Bauch! Wie geht's dir?« Wenn es für dich angenehm ist, leg dir deine Hände sanft auf den Bauch. ... Vielleicht spürst du, wie dein Magen und Darm arbeiten? ... Oder du spürst Hunger oder nimmst ein Gefühl der Sättigung wahr? ... Spürst du Anspannung oder Entspannung? ... Schmerzen oder Schmerzfreiheit? ... Lass deinen inneren Blick liebevoll und wohlwollend auf deinem Bauchraum ruhen. Bleib im Kontakt. Alles darf so sein, wie du es gerade vorfindest. Beobachte einfach nur, was gerade geschieht, ohne alles gleich reflexartig mit gut oder schlecht, richtig oder falsch zu bewerten. Erlaube dir, das, was du wahrnimmst, so stehen zu lassen und in dem schlichten und unmittelbaren Kontakt mit der kör-

perlichen Empfindung zu bleiben, ohne dich in Kommentaren und Selbstgesprächen zu verlieren.

9. Richte nun deine Aufmerksamkeit freundlich auf deine beiden Hände. »Hallo Hände! Wie geht's Euch gerade?« Deine Hände helfen dir schon dein ganzes Leben lang. Mach dir bewusst, wie phantastisch deine Hände sind, wie kostbar! Schenke ihnen deine freundliche fürsorgliche Aufmerksamkeit! Was spürst du gerade in deinen Händen? Sind sie kalt oder warm, verkrampft zusammengeballt oder weich und locker? ... Kribbeln oder schmerzen sie vielleicht sogar? Auch in den Händen zeigt sich manchmal unsere angestaute Anspannung. Was auch immer du entdeckst: Erlaube dir, dass es sein darf, wie es gerade ist. Nur freundlich sanft wahrnehmen. Was ist gerade los? ... Was kannst du sonst noch spüren, vielleicht den Kontakt mit dem Untergrund?

10. Geh mit deiner wohlwollenden Aufmerksamkeit nun zu den Empfindungen deiner Arme. »Hey Arme! Wie geht's Euch?« Was spürst du auf der Haut deiner Arme? Vielleicht die Berührungen des Stoffs deines Pullovers oder T-Shirts? Was spürst du in den Armmuskeln? Nimm wahr, was ist, ohne Bewertung. Bemerke, wenn deine Aufmerksamkeit abschweift und deine Gedanken wandern, vielleicht langweilst du dich und der Beschäftigungsgeist sucht gerade nach neuen, spannenderen Reizen. Auch wenn es noch so verlockend ist, lass dich jetzt für diesen Moment nicht darauf ein. Stattdessen nimm dich freundlich an die Hand und führ dich mit deiner Aufmerksamkeit wieder zurück in den gegenwärtigen Moment, zurück zu der Wahrnehmung deiner Arme und erlaube dir hier, eine Pause vom vielen Denken zu machen

und dich nur für diesen Augenblick mal in die Offenheit des Momentes hinein zu entspannen.

11. Wende dich mit einer freundlichen und offenen Haltung deinen Schultern zu. Wie geht es gerade deinen Schultern? Manchmal tragen sie viel Last. Schau auf sie mit einem freundlichen, liebevollen inneren Blick. Sind sie angespannt, verspannt sogar? ... Schmerzen oder kribbeln sie? ... Oder sind sie locker und gelöst? Bleib im Kontakt, was auch immer du wahrnimmst. Solltest du Anspannung oder Schmerz spüren, mach dir bewusst, dass dies nur ein Zeichen dafür ist, dass dein Körper gerade versucht, dich zu schützen. Wenn wir gestresst sind, ziehen wir die Schultern hoch, um die empfindliche Nackenpartie vor einem Angriff zu schützen. Dein Körper will dich nicht ärgern, er hat von der Natur einfach nur den Auftrag, dafür zu sorgen, dass du sicher durchs Leben kommst. Dazu gehört auch Spannungsaufbau. Nur gut gespannte Muskulatur ist bereit zur Verteidigung, und möglicherweise verharrt dein Körper schon sehr lange in diesem Schutzmodus. Schau also freundlich und sanft darauf. Jetzt in diesem Moment seid ihr beide sicher. Erlaube deinem Körper zur Ruhe zu kommen. Fühl bewusst die warme Decke, die wohlige Behaglichkeit deines Lagers und wie dich die Unterlage fest und sicher trägt. Was immer gewesen ist, es ist vergangen ... Was immer kommen wird, ist noch nicht da ... Das Jetzt ist jetzt. Erlaube dir, ganz hier zu sein. Du bist warm eingepackt in eine Decke. Für diesen Moment bist du sicher. Erlaube dir, diesen Moment mit dir zu spüren, zu erleben. Wenn du magst, atme tief aus und lass dich mehr und mehr in die Unterlage sinken ... genau ... Du darfst sein ... so, wie du bist ... Erlaube dir, Pause zu machen

vom Kämpfen und Hasten ... Pause ... Einfach nur da sein, das reicht.

12. Nun geh mit deiner Aufmerksamkeit freundlich zu deinem Hals. Was kannst du jetzt in diesem Moment an deinem Hals wahrnehmen? Ist die Muskulatur locker? ... Oder angespannt? ... Spürst du Wärme oder Kälte auf der Haut? ... Was nimmst du in deiner Kehle oder im Rachenbereich wahr? ... Was kannst du an der Halswirbelsäule spüren? Was immer du gerade entdeckst, erlaube dir, es bewusst zu registrieren, anzuerkennen, ganz schlicht, so wie es gerade ist. Es ist einfach nur eine kleine Bestandsaufnahme des Momentes Jetzt.

13. Wende dich nun bewusst deinem Gesicht zu. »Hallo Gesicht, wie geht's dir gerade?« Spüre die Empfindungen deiner Lippen ... deiner Wangen ... deiner Kiefermuskeln ... Was spürst du an deiner Nase? ... Was nimmst du an deinen Augen wahr? ... Was an deiner Stirn? Spüre auch mal ganz bewusst die Empfindungen an deinen Ohren ... Alles darf sein.

14. Dehne nun deine Aufmerksamkeit freundlich und wohlwollend auf deinen gesamten Kopfraum aus. Erlaube dir, deinen Kopfraum als Ganzes wahrzunehmen und alle damit auftauchenden Empfindungen ... Empfindungen der Kopfhaut ... und der Schädelknochen, die durch ihre Festigkeit dein kostbares Gehirn schützen. Sei dir für diesen Moment einmal der Kostbarkeit deines Gehirns bewusst, deiner hochkomplexen und wunderbaren Steuerungszentrale, die es dir ermöglicht, an deinem Leben bewusst teilzunehmen und alles zu erleben. Vielleicht magst du dich kurz bei deinem Gehirn für sein Dasein

bedanken, es wertschätzen. Was kannst du noch wahrnehmen? Vielleicht spürst du einen unbestimmten Druck? ... Gar Schmerz? ... Vielleicht fühlt sich dein Kopf aber auch gerade gelöst und weit an ... Oder du empfindest gar nichts Bestimmtes. Was auch immer es ist. Erlaube dir, es wahrzunehmen und freundlich anzunehmen, so, wie es sich gerade zeigt, ohne es zu bewerten oder anders haben zu wollen, als es ist.

15. Mit dem nächsten Atemzug atme bewusst ein und dehne dann ausatmend deine Aufmerksamkeit auf deinen gesamten Körper aus ... Erspüre dich in deiner ganzen Größe und Vollständigkeit. Bleibe bei dir, nimm wahr, was ist, und erlaube dir, damit zu sein ..., schlicht mit sanfter, liebevoller Präsenz beim Körper bleiben, ohne das, was du fühlst, zu kategorisieren oder in Worte zu fassen. Erlaube dir einfach, hier mit dir in Verbundenheit zu liegen oder zu sitzen und dich in deinem Körper zu fühlen, mit dir zu atmen, so wie es gerade für dich möglich ist. Wenn es dir angenehm ist, kannst du gerne wieder deine Hände auf deinen Körper legen, vielleicht auf die Brust oder den Bauch oder auf beide Bereiche gleichzeitig. Was auch immer sich für dich stimmig anfühlt. Spüre, wie der Atem in dich einströmt und wieder ausströmt und deinen Körper bewegt. Er nährt dich, hält dich am Leben, wie so viele unbemerkt ablaufende Prozesse in deinem Körper, die ganz natürlich geschehen und dich leben lassen. Zellen werden repariert, mit Nährstoffen versorgt oder gegen frische ausgetauscht. Der Körper sorgt für dich, er heilt und regeneriert sich. Der Untergrund trägt dich ... Du darfst jetzt einfach mal sein, brauchst für diesen Moment nichts zu tun, brauchst nichts erreichen ... Alles geschieht von selbst.

16. Beende nun die Übung. Nimm einen tiefen Atemzug, streck und reck dich, beweg dich dann langsam ein bisschen. Gib dir Zeit, dich wieder im Raum zu orientieren. Was hörst du? Worauf fällt dein Blick, wenn du die Augen aufschlägst? Noch mal recken und strecken, vielleicht auch mal gähnen. Und dann steh ganz langsam und behutsam auf, so dass dein Kreislauf dir folgen kann. Wenn du nun in deinen Alltag zurückkehrst, behalte deine freundliche, wohlwollende Aufmerksamkeit so lange es dir möglich ist.

Nun sind wir am Ende der ersten Einheit angekommen. Es war etwas viel Stoff. Du brauchst nicht alles sofort verinnerlicht zu haben. Nimm dir die Freiheit, immer mal wieder in der Woche in diesem Kapitel zu lesen, dir ein paar Notizen in deinem Notizbuch zu machen, Fragen aufzuschreiben, mit denen du dich etwas beschäftigen möchtest. Es mag sein, dass dich das eine oder andere irritiert oder jetzt erst einmal mehr Fragen auftauchen als Antworten. Das ist normal. Meiner Erfahrung nach klären sie sich mit wachsender Übungserfahrung. Dieses Programm erschließt sich wirklich erst durch Ausprobieren, Erfahren, Üben. Die Theorie ist zwar notwendig, damit wir einem Weg folgen können, ein paar Erklärungen haben und nicht alles selbst erfahren und herausfinden müssen, dennoch braucht dein Organismus Zeit. Bitte bedenke, dass du dein ganzes Leben bis heute auf eine bestimmte Art und Weise gelebt hast. Nun beginnst du ein paar Sachen davon vielleicht in Frage zu stellen und neue Wege auszuprobieren. Das erzeugt natürlich Unsicherheit. Dein Gehirn ist jetzt stark gefordert und beginnt nun, das neue Wissen abzuspeichern, zu verarbeiten und neue Netzwerke durch die Übungen anzulegen. Das ist anstrengend. Manchmal wirst du ganz schön müde sein, wenn du das alles durchgearbeitet hast. Gib dir die kommenden acht Wochen Zeit. Mit jedem Tag wirst du reinwachsen, darin unterstützt dich die Natur.

**Und hier nun noch die Übungen
für die erste Woche:**

1. Übe den Body-Scan sechs Tage mit der dem Buch beiliegenden CD.
2. Iss eine Mahlzeit am Tag in Achtsamkeit, ähnlich wie die Rosine.
3. Beobachte, in welchen geistigen Verweilzuständen du dich gerade befindest (Zukunft, Vergangenheit, Gegenwart; Drama oder Ignoranz).
4. Fertige dir eine Merkliste der acht Grundlagen der selbstmitfühlenden Achtsamkeit an und lasse die Punkte in deinem Tag als Inspiration mitlaufen.

Woche 2

Einführung in die Meditation

Lerne den Augenblick zu ergreifen! Fliehe nicht in die Wahngebilde der Vergangenheit oder der Zukunft. Sammle deinen Geist dort, wo du bist, mit einem für den Augenblick geschärften Bewusstsein. Es gibt keinen anderen Ort als hier.

Drukpa Rinpoche

Deine erste Kurswoche ist nun vorbei. Wie geht es dir? Was hast du mit dir und den Übungen erlebt? Konntest du während des Body-Scans wach bleiben, oder hat dich der Schlaf überwältigt? Keine Sorge, solltest du mit Schläfrigkeit gekämpft haben, ist das anfänglich vollkommen normal. Manchmal zeigt sich nun einfach die tatsächliche Erschöpfung, die bisher vielleicht durch kontinuierliche Aktivität nicht wahrgenommen und/oder unterdrückt wurde. Außerdem ist es der Körper meist überhaupt nicht gewohnt, zur Ruhe zu kommen und dabei wach und konzentriert zu bleiben. Wir kennen in unserem geschäftigen Leben meistens nur zwei Modi: aktiv wach oder entspannt schlafend. Dennoch gibt es auch einen Zustand dazwischen: entspannt wach. Diesen Zustand wiederzubeleben ist ein Teil der Body-Scan-Übung. Bemüh dich so gut es eben geht, wach zu bleiben, und nimm es mit Humor, wenn du doch mal wieder eingenickt bist. Das passiert. Mach dann einfach dort weiter, wenn du wieder wach geworden bist. Mit der Zeit wirst du in der Übung immer weniger mit dem Schlaf zu kämpfen haben.

Auch kann es sein, dass du möglicherweise nicht überall etwas in deinem Körper spüren konntest. Das ist auch vollkommen normal. Wir können nicht immer überall etwas fühlen. Gerade wenn du dich bisher wenig mit deinen Körperempfindungen beschäftigt hast, braucht dein Gehirn ein wenig Zeit, um die Verschaltungen zu stärken, mit denen du deinen Körper immer feiner wahrnehmen kannst. Im Laufe der nächsten Wochen wirst du wahrscheinlich immer mehr in deinem Körper spüren können. Dennoch warte bitte nicht auf sehr intensive Körperempfindungen. Nur Bereiche, die irgendwo aufliegen oder aktuell aus dem Gleichgewicht wie beispielsweise verspannt oder erkrankt sind, erzeugen stärkere Empfindungen. Der große Rest deines Körpers funktioniert meistens störungsfrei und damit unbemerkt.

Wenn du zurückschaust, war es dir möglich, dich jeden Tag mit den Übungen zu beschäftigen, oder ist es dir schwergefallen, dir die Zeit dafür zu nehmen? Solltest du gemerkt haben, dass es nicht (immer) möglich war, dir die Zeit für die Übungen zu geben, schau dir bitte mal genau an, was der wirkliche Grund war. Ja, manchmal sagen wir einfach, wir hatten keine Zeit. Doch war das wirklich der Grund? Wenn wir ehrlich sind, dann müssen wir uns eingestehen, dass wir unsere Prioritäten anders gesetzt haben. Du magst gute Gründe dafür gehabt haben, dass du anderes als wichtiger eingestuft hast. Es wird immer gute Gründe geben. Achtsamkeit bringt uns in die Ehrlichkeit mit uns selbst und damit in unsere Selbstverantwortung. Wenn wir sagen, dass wir keine Zeit hatten, dann machen wir die äußeren Umstände oder die Zeit verantwortlich. Damit setzen wir uns in eine hilflose Position, machen uns zum Opfer und berauben uns selbst unserer Gestaltungs- und Entscheidungsfähigkeit. Sobald uns klarwird, dass wir es sind, die die Prioritäten setzen (und das kann auch bedeuten, dass du feststellst, dass andere oder die Arbeit eine höhere Priorität in deinem Leben genießen als du selbst), können wir anfangen, diese auch mal in Frage zu stellen und möglicherweise neu zu setzen.

Doch warum setzen wir manche Entscheidungen wider besseres Wissen nicht um? Warum erscheint es uns manchmal leichter, einfach so weiterzumachen wie bisher und anderen die Führung in unserem Leben zu überlassen? Nun, Entscheidungen ziehen immer Konsequenzen nach sich. Wenn wir uns bewusst oder unbewusst nicht in der Lage sehen, die Konsequenzen zu tragen, fällen wir nur die Entscheidung, mit deren Folgen wir am meisten vertraut sind und die zu tragen uns am leichtesten erscheint. Oft jedoch unterliegen wir hier unserer Gewohnheit, ohne genau hinzuschauen, was eine Entscheidung tatsächlich für Auswirkungen auf uns hat. So mag es leichter erscheinen, Überstunden zu machen, statt dafür einzustehen, zu einer angemessenen Zeit Feierabend zu machen. Kurzfristig ist es leicht, denn die unangenehme Konfrontation mit dem Vorgesetzten oder den ebenfalls noch schuftenden Kollegen wird vermieden. Wir sind also sicher. Insbesondere wenn wir aus kindlichen Erfahrungen gelernt haben, dass wir leichter durchs Leben kommen, wenn wir uns nicht auflehnen. Die Erschöpfung wird als kleineres Übel in Kauf genommen. Langfristig jedoch reduziert diese Entscheidung unsere Kraftreserven. Gelegentlich ist das nicht so problematisch, doch als Dauerlösung geht diese Konfliktvermeidungstaktik an deine Gesundheit.

In diesem Kurs geht es um dich und um die Veränderung von selbstschädigenden Mustern hin zu Selbstfürsorglichkeit und Mitgefühl. Und eine der ersten Erkenntnisse auf diesem Weg zu dir selbst könnte sein, dass du wenig bis gar keine Zeit für dich in deinem Leben vorgesehen hast oder anderen mehr Prioritäten einräumst als dir selbst. Das kann erst einmal schmerzhaft und irritierend sein, doch es ist heilsam, sich das bewusst einzugestehen. Wahrscheinlich gibt es auch ganz viele gute Gründe, mit denen du dir sagst, dass es im Augenblick »gar nicht anders geht«, dass anderes wichtiger ist, als für dich selbst zu sorgen. Doch ist es das wirklich?

Die Natur strebt nach Gleichgewicht. Immer! Nur so ist das Überleben dauerhaft gesichert. Wir sind Teil der Natur, und für Kraft und Balance zu sorgen ist somit auch für uns überlebensnotwendig! Verschiebt sich beispielsweise unser Flüssigkeitshaushalt in ein kleines Minus, geht dies sofort zu Lasten unserer Hirnleistung. Wir bekommen schlechte Laune, Konzentrationsstörungen und werden müde oder demotiviert. All unsere inneren Prozesse arbeiten auf Ausgleich hin. Stolperst du, reguliert dein Körper blitzschnell dein Gleichgewicht und verhindert in den meisten Fällen einen Sturz. Reduziert sich die Flüssigkeit in unserem Körper, entsteht ein Durstgefühl. Haben wir viel Kraft verbraucht, taucht ein Gefühl von Müdigkeit und Schwäche auf. Hunger wird gemeldet, um die Nährstoffdepots – insbesondere Glukose – wieder aufzufüllen. Dies alles sind Signale, mit denen unser Körper uns Informationen über seinen jeweiligen Zustand vermittelt und mit denen er es anzeigt, wenn er aus dem Gleichgewicht kommt. Doch es liegt an uns, dieses wieder zu schaffen, indem wir dafür sorgen, ausreichend zu schlafen und Erholungsphasen in unser Leben einzuplanen, nährstoffreich zu essen, genügend zu trinken. So unterstützen wir unseren Körper in seinem Erholungs- und Regenerationsmodus und ermöglichen ihm und damit auch uns, mit den Anforderungen in unserem Leben umgehen zu können.

Viele haben im Laufe der Zeit gelernt, ihre Bedürfnisse zu unterdrücken. Das kann unterschiedliche Gründe haben. Meistens jedoch haben wir uns dies schon früh angeeignet und hören vielleicht noch solche alten Ausprüche in uns wie: »Nimm dich selbst nicht so wichtig!«, »Kümmer dich lieber mal um …« oder »Erst die Arbeit, dann das Vergnügen«, »Sitz nicht einfach so rum, tu was Sinnvolles«. So behält das schlechte Gewissen die Oberhand und sabotiert uns darin, uns selbst regelmäßig Ruhe und Zeit zu geben. Ja, sich Ruhe und Zeit zu geben wird selbst plötzlich zum Stressfaktor, da wir uns unnütz und »nicht richtig« fühlen, wenn wir einfach mal nichts tun, vielleicht sogar Angst haben, dass wir angreifbar werden und uns unsere heiß geliebte Kontrolle für diesen Moment entgleitet. Das kann ganz schön unruhig machen. Wie erholsam ist es da, endlich wieder aufstehen zu können und etwas »Sinnvolles« zu tun, beispielsweise die Spülmaschine auszuräumen oder die längst fällige Steuererklärung in Angriff zu nehmen. Es gibt immer etwas zu tun. Tun gibt uns das Gefühl, die Kontrolle zu behalten, sinn- und wertvoll zu sein, gut dazustehen – ja, eine Daseinsberechtigung zu haben. Ich kann dich sehr gut verstehen! Auch ich hatte damit am Anfang richtig zu kämpfen. Zu erkennen, dass es jedoch ein Selbstsabotagemuster ist, mit dem wir uns selbst versagen, für uns zu sorgen, plus die Erkenntnis, dass es nun keinen Erziehungsberechtigten mehr gibt, der mit Missbilligung und Strafe droht, ist befreiend. Du darfst und kannst nun für dich selbst sorgen! Auch du brauchst mal eine Pause – Zeiten, in denen sich dein Körper und dein Geist erholen und Kraft schöpfen können. Sich das zuzugestehen ist ein konkreter Akt von Selbstmitgefühl für uns und unseren Körper.

Abgrenzung von Selbstsucht zu Selbstfürsorge

Manchmal taucht die Sorge auf, jetzt »selbstsüchtig« geworden zu sein – auch so ein wirklichkeitsverzerrendes Relikt von früher. Vielen wurde in der Erziehung vermittelt, dass alles, was wir für uns tun, als selbstsüchtig zu betrachten ist. Doch das stimmt nicht. Selbstsüchtig ist nur jemand, der immer mehr für sich alleine haben will, ohne ein Maß zu kennen und jemals satt zu werden. Häufig lebt ein Selbstsüchtiger auf Kosten anderer und schädigt sich und andere durch seinen maßlosen Konsum. Ein Selbstsüchtiger unterliegt einer Sucht, einem unstillbaren Verlangen nach mehr und erlebt doch kontinuierlichen Mangel. Es ist nie genug. Es fehlt an Selbstkontakt, Selbstreflexion und Verantwortung für sich selbst.

Selbstmitgefühl und Selbstfürsorge bedeuten jedoch, sich seiner selbst bewusst zu sein, Verantwortung für sich und seine Entscheidungen plus ihren Konsequenzen zu tragen und auf seine Kraft und seine Gesundheit zu achten. Wir sind uns bewusst, dass dazu auch gehört, dass es nicht immer nach unserem Willen geht, dass wir lernen, Unangenehmes zu akzeptieren und dann für einen stimmigen Ausgleich zu sorgen. Wir halten das Gesamte im Blick, vergessen uns selbst nicht, stellen uns aber auch nicht übermäßig ins Zentrum des Universums. Selbstmitgefühl und Selbstfürsorge sind also auch ein Akt der Balance. Es geht immer um das Gesamte, denn wir sind Teil von einem großen Ganzen und nicht getrennt davon. Was immer wir für uns tun, hat Auswirkungen auf uns und auch auf unser Umfeld. Ein Selbstsüchtiger hat dies nicht im Blick, da geht es nur um die Befriedigung des eigenen Glücks, ganz gleich, was es einen selbst und die anderen kostet.

Selbstmitgefühl kann eine Provokation für andere sein

Auch wenn du dich in Selbstmitgefühl und Selbstfürsorge übst, kann es zu einer kleinen Nebenwirkung kommen, mit der dir dein Umfeld suggerieren könnte, dass du selbstsüchtig bist. Erstaunlicherweise ist es jedoch meist umgekehrt und kommt daher, dass du das selbstsüchtige Verhalten anderer nicht mehr bedienst, indem du lernst, auch mal »nein« zu sagen, und nicht mehr für alles zur Verfügung stehst. Für andere wirst du damit unbequem, denn nun müssen sie ihre Verantwortlichkeiten wieder selbst übernehmen. Lass dich davon nicht irritieren! Es ist ein notwendiger Anpassungsprozess. Ja, es kann auch sein, dass sich manche sogenannten »Freunde« von dir verabschieden. Doch deine wirklichen Freunde werden sich freuen, wenn es dir wieder bessergeht, und wahrscheinlich erleichtert aufatmen, wenn sie merken, dass du nun endlich für dich sorgst. Selbstmitgefühl entlastet übrigens auch die anderen, weil du für dich und deine Kraft selbst sorgst. Im Gegensatz dazu zehren Selbstsüchtige von der Kraft der anderen.

Das Muster durchbrechen

Möglicherweise hast du gerade ein paar Erkenntnisse beim Lesen gehabt. Das ist großartig! Solltest du gerade innerlich mit dir schimpfen, weil du destruktive Verhaltensweisen von dir erkannt hast, stopp dich bitte direkt. Das ist wirklich nicht notwendig. Nun hast du etwas erkannt. Das ist wirklich wunderbar. Jetzt kannst du beginnen, dein Muster heilsam zu verändern. Also, was kannst du jetzt konstruktiv mit der Erkenntnis machen? Willst du Zeit für dich? Dann schau dir deinen Tagesplan an. Wo gibt es Lücken in deinem Tag oder Zeiten, die du mit etwas verbringst, das nicht unbedingt notwendig ist (beispielsweise das dritte Mal Nachrichten gucken, noch mal schauen, ob ein neuer Facebook-Post da ist, oder ziellos im Internet surfen). Ja, und manchmal braucht es von uns den Mut, uns eine halbe Stunde bewusst aus allem herauszunehmen, auch wenn es etwa für unseren Partner vollkommen ungewöhnlich ist, dass wir uns in ein Zimmer nur für uns selbst zurückziehen.

Es mag sich auch der Anspruch in dir regen, dauernd produktiv sein zu müssen, damit du eine Daseinsberechtigung auf dieser Welt hast. Das zu sehen ist auch eine sehr wichtige Erkenntnis! Dieser Anspruch wird seine Gründe haben und nicht einfach so vom Tisch gewischt werden können. Dennoch kannst du dir selbst die Erfahrung schenken, was passiert, wenn du mal nur für dich da und bewusst »nicht produktiv« bist.

Achtsamkeit lehrt uns pures Sein. Diese Dimension zurückzugewinnen führt uns zu unserer natürlichen Autonomie, zu unserer natürlichen Würde zu sein, die jedem Wesen, das auf dieser Erde lebt, durch die Geburt gegeben ist. Du magst andere Erfahrungen gemacht haben. Dennoch ist dies tatsächlich unser Geburtsrecht. Wir brauchen unsere Daseinsberechtigung nicht dauernd durch Produktivität und Nützlichkeit unter Beweis zu stellen. Wahrscheinlich tust du es sowieso schon zur Genüge.

Und so möchte ich dich nun mit einer Praxis vertraut machen, die dir helfen wird, dich inmitten der Geschehnisse der Welt, inmitten aller Bewegung, inmitten aller Ansprüche, inmitten von »Mammi guck doch mal!« oder »Schatz, wo sind meine Socken?« zu zentrieren und dich mehr und mehr vertraut zu machen mit dem, was du wirklich bist. Es ist die Übung der Achtsamkeitsmeditation, in der du lernst, dich mit Hilfe deines Atems zu zentrieren und dir zu gestatten, still zu werden, bei dir zu bleiben und dich mit der Zeit im reinen Sein zu entspannen. Die Welt dreht sich weiter. Die werden wir nicht anhalten können, aber wir können unser dauerndes Mitrennenmüssen stoppen. Jeder wird immer Ansprüche haben, die er gerne an uns richtet. Insbesondere dann, wenn wir bisher immer so fein funktioniert und uns für alles verantwortlich gefühlt haben. Dich in Meditation zu üben wird einen heilsamen, nicht immer einfachen, aber dennoch notwendigen Anpassungsprozess einleiten, von dem alle Beteiligten profitieren werden (auch wenn es zunächst nicht jedem schmecken wird).

Was ist Meditation?

Das Wort *Meditation* ist abgeleitet vom lateinischen Wort *meditare*, was so viel bedeutet wie »nachsinnen«. Dieses Nachsinnen findet sich hauptsächlich in der abendländisch geprägten Meditationsform der *Kontemplation*. Die Meditationen in diesem Buch (zum Beispiel die Achtsamkeitsmeditation) verfolgen jedoch ein anderes Ziel. Sie entstammen größtenteils dem ostasiatischen Raum, und in dem Zusammenhang passt hier eher das tibetische Wort *Gom*, das übersetzt so etwas wie »es sich zur Gewohnheit machen« oder auch »sich vertraut machen mit« bedeutet. Dennoch bleiben wir bei der Bezeichnung Meditation, da sie sich etabliert hat. In anderen Traditionen gibt es auch Kerzen- und Klangmeditationen oder auch Traumreisen, die ebenfalls unter den Überbegriff Meditation fallen. Auch wenn du damit vielleicht schon vertraut sein solltest, unterstütze bitte dein Gehirn in seinem Lernprozess, indem du für die nächsten Wochen erst einmal nur die Meditationen dieses Programms übst und deine anderen Meditationen außen vor lässt. Sonst kommt es möglicherweise zu Verwirrung und Vermischungen von Techniken, die dann das Ergebnis verfälschen oder gar verhindern. Du kannst später gerne auch die anderen Meditationen wieder praktizieren.

Die Achtsamkeitsmeditation

Diese Meditationsform, um die es jetzt hier gehen wird, bietet uns einen Rahmen, in dem wir uns mit unseren geistigen Vorgängen (Gedanken, Grübeleien, Träumen, Plänen und den daraus resultierenden emotionalen Reaktionen) vertraut machen und lernen, auf heilsame Art und Weise damit umzugehen, ohne in ihnen zu schwelgen oder dem Nachdenken bzw. Grübeln anheimzufallen. Stattdessen können wir beobachten, wie diese geistigen Vorgänge uns vom gegenwärtigen Moment ablenken, und lernen, unsere Aufmerksamkeit wieder zurück ins Hier und Jetzt zu bringen und so wirklich anwesend und präsent in unserem Leben zu sein – unser Leben wirklich (er-)leben.

Ursprünge dieser Meditationsform finden sich in der Tradition des Yoga und des Buddhismus. Sie ist jedoch keine religiöse Praxis, sondern nur ein schlichtes, aber wirksames Instrument der Selbsterfahrung, Selbsterkenntnis und Selbststeuerung, um den eigenen Geist zu erforschen und mit ihm umgehen zu lernen. An sich ist die Übung technisch relativ leicht, dennoch hat die Umsetzung so einige Tücken. Am Anfang braucht es lediglich etwas Vorbereitung bezogen auf Körperhaltung und Platzgestaltung. Ich kann dich nur ermutigen, dir dafür etwas Zeit zu geben, denn eine ausgewogene, stabile Sitzposition ist wie das Fundament eines Hauses zu sehen. Ist das Fundament bröckelig und unstabil, wird das Haus ebenfalls wenig Stabilität vorweisen können. Also schauen wir uns zunächst einmal die Platzgestaltung und die Grundlagen der Haltung an. Ich möchte dich anregen, das Gelesene einfach mal direkt spielerisch auszuprobieren. Meditation ist keine ernste oder komplizierte Sache und nichts übertrieben Heiliges. Je spielerischer, neugieriger und offener du damit umgehst, desto leichter wird es für dich werden. Also, auf ins Abenteuer!

Ausstattung, Haltung, Ausrichtung, Erdung

Zuallererst schau mal, wie du gerne sitzen möchtest. Du hast die Wahl: Meditationskissen oder -bänkchen, auf dem Boden, Hocker oder Stuhl. Je nachdem, was für dich bequem ist und deinen körperlichen Möglichkeiten entspricht. Keine Sorge, du brauchst deine Beine nicht unnötig zu verknoten und auch keine Schmerzen auszuhalten. Die einfachste Sitzvariante für die meisten in unseren Breitengraden ist schlicht ein Stuhl. Wichtig ist, gleich welche Haltung du wählst, dass dein Rücken würdevoll aufgerichtet, jedoch dabei entspannt ist. Das gelingt meist dadurch, dass deine Sitzgelegenheit eine leichte Beckenkippung nach vorne unterstützt, so, als würdest du ein minimales Hohlkreuz machen wollen. Dabei sollte die Sitzfläche immer etwas höher sein als deine Knie. Wenn du beispielsweise auf deinem Bürostuhl sitzt, dann kipp die Sitzfläche leicht schräg nach unten oder leg dir ein Keilkissen auf deinen Küchenstuhl oder Hocker. Das Meditationskissen kannst du durch die geschmeidige Füllung in die gewünschte Form bringen, und die Sitzfläche des Meditationsbänkchens ist meist schon etwas abgeschrägt. Hier siehst du verschiedene Sitzpositionen:

Wenn du auf einem Meditationskissen auf dem Boden sitzen möchtest, dann kreuze deine Beine (Bilder links) oder stell das Kissen hochkant, knie dich hin und nimm das Kissen zwischen deine Beine, dann kannst du auf ihm reiten, wie auf einem Sattel. Das wäre auch die Alternative zu einem Meditationsbänkchen (Bilder rechts). Für den Anfang ist es hilfreich, eher etwas höher zu sitzen als zu niedrig. Wichtig ist, dass du dich in deinem Sitz einerseits komplett entspannen kannst und andererseits auch einen festen, stabilen Kontakt zum Boden hast. Solltest du dich wackelig fühlen, weil deine Knie im Schneidersitz nicht den Boden berühren, dann leg unter deine Knie kleine Kissen oder gefaltete Decken/Handtücher. Dadurch entlastest du deine Beine und gibst deinem Körper Stabilität. Durch das Kippen des Beckens behält die Wirbelsäule ihre natürliche S-Form und hält dich aufrecht, ohne dass du extra deine Rückenmuskeln dafür anzustrengen brauchst. Solltest du merken, dass du immer noch versuchst, aus dem Rücken die Aufrichtung zu halten, dann sitzt du wahrscheinlich noch zu niedrig, und der Rücken rundet sich in dem Fall meist nach hinten. Setz dich etwas höher, vielleicht auf ein weiteres Kissen oder eine gefaltete Decke, und schau, was passiert. Mach dir keinen Stress. Es braucht erfahrungsgemäß

ungefähr drei Monate, bis man seinen Sitz gefunden hat. Experimentiere ruhig herum. Du kannst deinen Sitz immer wieder verändern. Solltest du deine Knie nicht beugen können oder unter Venenproblemen leiden, dann setz dich mit lang ausgestreckten Beinen hin. Auch wenn du noch kein Meditationskissen oder -bänkchen besitzt, kannst du meditieren. Nutze dann einfach aufeinandergestapelte Decken, Handtücher oder eben einen Küchenstuhl.
Installiere deinen Meditationsplatz am besten fest in deiner Wohnung. Schau mal, wo ein guter Raum für dich ist. Idealerweise sollte er dir ermöglichen, für eine Weile ungestört zu sein, und du sollst dich in ihm wohl und sicher fühlen. Der Platz dort wird mit der Zeit zu deinem Platz. Es wird dir mit wachsender Übung zunehmend leichterfallen, an diesem Ort zur Ruhe zu kommen, da dein ganzer Organismus mit diesem Platz Meditation verbinden wird. Psychologisch nennt man das »Konditionierung«, und es wird dir deine Praxis erleichtern. Statte diesen Platz so angenehm wie möglich aus. Leg dir eine gefaltete Decke unter deine Sitzgelegenheit oder eine spezielle Meditationsmatte. Lege ebenfalls eine Decke bereit, sollte dir während der Übungen kühl werden. Außerdem kannst du diesen Platz für dich annehmlich und schön gestalten. Vielleicht magst du dir auch eine Kerze anzünden oder ein paar Blümchen hinstellen. Achte darauf, dass dieser Platz immer ordentlich ist und auch der Raum, in dem du übst, aufgeräumt und klar ist. Einerseits hilft dir dies, zur Ruhe zu kommen, andererseits ist es auch ein Akt des Respekts und der Fürsorge dir gegenüber. Du darfst in einem angenehmen Umfeld üben. Das ist dein Geschenk an dich selbst. Auch die Kerze oder die Blumen, die du aufstellst, sind deine Wertschätzung an dich und deine Übungspraxis. Das ist eine sehr kostbare Zeit, die ruhig wertgeschätzt werden darf.

Den Atem als Anker im Hier und Jetzt nutzen

Beim Body-Scan und auch in deinem täglichen Leben hast du wahrscheinlich schon oft bemerkt, dass deine Gedanken sehr schnell von einem Thema zum anderen springen. Sie sind in der Zukunft, und du überlegst, was du morgen oder in ein paar Wochen, Monaten, Jahren erleben wirst, oder du ärgerst dich vielleicht über eine vergangene Situation, die nicht so gelaufen ist, wie du sie dir mal vorgestellt hattest. Vielleicht schwelgst du aber auch in der Erinnerung an einen gestrigen Moment, der einfach wundervoll war, und du versuchst, ihn immer und immer wieder durch Erinnern zu erleben, du kannst nicht loslassen. Das Jetzt, also den gegenwärtigen Moment, nimmst du kaum oder nur am Rande wahr. Du schenkst ihm vielleicht gerade so viel Aufmerksamkeit, dass du einigermaßen funktionierst. Erst wenn es knifflig wird, wenn du vielleicht angesprochen wirst oder dir etwas hinunterfällt, weil du nicht bei der Sache warst, nimmt der gegenwärtige Moment in deiner Wahrnehmung wieder mehr Raum ein, so lange, bis der Reiz nicht mehr stark genug ist und sich neue und interessantere Gedanken, Überlegungen, Selbstgespräche, Grübeleien, Träume oder Pläne in deine Aufmerksamkeit schieben und dich wieder vom Jetzt ablenken.

Erst einmal ist das ein ganz normaler Vorgang, und es ist auch überhaupt nichts gegen Träumen, Erinnern und Vorausplanen zu sagen. Es ist hilfreich und auch notwendig, damit wir in dieser Welt optimal überleben. Dennoch kann es sich auf eine Weise verselbständigen, so dass es mit der Zeit von einem hilfreichen zu einem destruktiven Muster wird, was uns auf Dauer umtreibt und unnötigen Stress auslöst oder sogar zu Dauerstress führt (selbst wenn dazu gerade eigentlich kein Grund besteht). Du kennst es wahrscheinlich selbst, wie schnell man sich in potenzielle Dramen verstricken kann, die so jedoch nie stattfinden werden (zum Glück!), oder wie du mit dir selbst schimpfst, dich unter Druck setzt oder dich dauernd kritisierst, was dich jedoch zunehmend trauriger oder wütender werden lässt. Die gute Nachricht: Dem bist du jetzt nicht (mehr) hilflos ausgeliefert! Die Übung der Meditation hat schon sehr vielen Menschen geholfen, sich von destruktiven Gedankenprozessen zu befreien. Das bedeutet bei dieser Form der Meditation, dass man lernt, gedanklichen Regungen nicht mehr zu folgen. Es geht also nicht um einen gedankenfreien Zustand; Gedanken werden immer da sein, solange du lebst. Du übst dich lediglich in Autonomie und bewusster Lenkung deiner Aufmerksamkeit. Damit das klappt, brauchst du ein gut zugängliches neutrales Objekt, auf das du dich fokussieren kannst. Einfach nur nicht an die Gedanken zu denken funktioniert nicht. Sofort würde deine Aufmerksamkeit auf einen anderen Gedanken aufspringen. Stell dir die Aufmerksamkeit wie eine Hand vor, die dauernd beschäftigt werden möchte. Du entscheidest nun, womit sie sich beschäftigt, und du gibst ihr etwas neutrales Unaufregendes.

Schon vor 2500 Jahren hat ein weiser Mann (Buddha) durch ständiges Ausprobieren den Atem als sehr praktikabel für die Übung entdeckt und seine Erfahrungen in detaillierten und gut erprobten Anweisungen weitergegeben. Bis heute sind diese Anweisungen überliefert worden und haben unzähligen Menschen geholfen, sich zu zentrieren und aus dem Klammergriff der Gedanken zu befreien. Und nachdem auch ich über viele Jahre selbst damit geübt und sehr viele Menschen in meinen Kursen darin unterrichtet und begleitet habe, bin ich mir sehr, sehr sicher, dass auch du davon profitieren kannst. Probier es allerdings wirklich für dich aus, und erst wenn du die Erfahrung machst, dass es dir hilft, dann übernimm es. Doch es wird schon ein bisschen Zeit und Übung brauchen ... nur, damit du nicht vorschnell die Flinte ins Korn wirfst.

Mit dem Atem vertraut werden

Der Vorteil der Atmung ist, dass sie immer bei dir ist, bis zu deinem letzten Atemzug. Du kannst jederzeit und in jeder Lebenssituation von ihr Gebrauch machen.

Mach dich kurz mal mit deinem Atem vertraut. Atme und spüre in deinen Körper hinein. Wo kannst du deinen Atem spüren? Vielleicht spürst du ein feines, kühles Strömen an den Naseninnenwänden und/oder im Hals-Rachen-Bereich. Wahrscheinlich kannst du auch die Bewegung wahrnehmen, die der Atemvorgang in deinem Brust- und Bauchraum erzeugt. Wichtig ist, dass du deinen Atem so fließen lässt, wie dein Körper es gerade einfach von sich aus macht. Löse dich bitte von der Idee, dass dein Atem »richtig« oder »tief« oder »gleichmäßig« gehen sollte. Für diese Meditationsform ist das vollkommen unerheblich. Hier geht es schlicht darum, mit dem zu sein, was gerade ist, ganz gleich, ob dein Körper gerade tief atmet oder flach, gleichmäßig oder stockend. Mach dir über deine Atmung keine Gedanken, sondern lass deinen Körper einfach atmen. Er atmet, und du hast einen ganz natürlichen Atemreflex. Wenn der Atem also auch mal stockt, irgendwann atmet der Körper weiter. Finde einen Punkt in deinem Körper auf der Atem-Achse (Nase–Hals–Brust–Bauch), an dem es dir leichtfällt, deinen Atem als Empfindung zu spüren, sei es als Luftzug in der Nase oder als Bewegung im Brustraum oder im Bauch, und dann bleib dort mit deiner Aufmerksamkeit. Das ist jetzt dein Ankerpunkt. Und immer wenn du merkst, dass deine Aufmerksamkeit wieder woanders hingeht, dass du vielleicht anfängst, über irgendetwas nachzudenken, dann komm bewusst und freundlich wieder zurück zu deinem Atempunkt und fühle wieder bewusst den aktuellen Atemzug. Jeder Atemzug ist ein Moment im JETZT. Wenn du mit dem gegenwärtigen Atemzug wirklich fühlend verbunden bist, dann bist du auch im gegenwärtigen Moment anwesend.

Du wirst wahrscheinlich beobachten, dass du anfänglich von Gedanken sehr schnell abgelenkt wirst. Das brauchen noch nicht einmal besonders spannende Gedanken zu sein. Unsere Aufmerksamkeit ist es so sehr gewohnt, sofort auf alles anzuspringen, was sich irgendwie bewegt, sei es in unserer Vorstellung oder im realen Leben, dass wir hier jetzt erst einmal ein gewisses Grundtraining der bewussten Aufmerksamkeitslenkung absolvieren müssen. Das ist wie alles, was wir uns als Fähigkeiten neu aneignen, mit etwas Anstrengung verbunden. Doch die Natur hilft dir. Sie legt durch die Übungen neue Verschaltungen in deinem Hirn an, die durch Wiederholung immer stärker werden. Diese Verschaltungen haben evolutionsbiologisch zum Ziel, unser Leben zu erleichtern. So wird es dir auch mit der Zeit leichterfallen, dich zu sammeln. Auf der anderen Seite haben wir uns unser ganzes Leben bis heute ablenken lassen, haben uns so sehr in Grübeln und Dramatisieren geübt, dass wir dies eben auch in unserem Gehirn als Verschaltung angelegt haben. Das sind durch die vielen Jahre hindurch richtig dicke Verkabelungen, die sich nicht mal eben mit ein paar Achtsamkeitsübungen so einfach auflösen lassen. Hab also bitte Geduld mit dir und deinem Gehirn. Und noch eine gute Nachricht: Alles, worin du dich nicht betätigst, baut die Natur wieder ab, weil sie davon ausgeht, dass du es nicht mehr brauchst. Damit werden mit wachsender Unterlassung alte Gewohnheiten schwächer.

Die Übung der Atemmeditation

Im Folgenden kannst du dir die Meditationsanleitung durchlesen, wie ich sie auch in meinen Kursen unterrichte. Du findest sie auch auf der beiliegenden CD. Lass dich ruhig für diese erste Meditationswoche von mir mit der gesprochenen Anleitung auf CD begleiten. Danach übe sie bitte ohne die Anleitung. Jeder reagiert erfahrungsgemäß anders auf die Begleitung durch die CD. Für die einen ist es hilfreich, so viel Anleitung zu haben, die anderen wünschen sich mehr Stille. Du kannst die CD jederzeit stoppen, wenn du mehr Zeit zwischen den Anleitungen der einzelnen Meditationsschritte brauchst. Außerdem empfehle ich dir, so früh wie möglich ohne CD-Begleitung zu meditieren. Je früher du dich unabhängig von der Begleitung der Meditationsanleitung machst, desto früher kannst du die Fähigkeit trainieren, dich selbst zu steuern. Das, was meine Stimme für dich erledigt, wirst du dann selbst für dich tun. Das ist zwar einerseits etwas anstrengender, doch für den Alltag hilft es dir wesentlich mehr, denn da hast du ja auch nicht immer meine Stimme, die dich wieder in den gegenwärtigen Moment zurückholt. Es geht darum, dass du es für dich tust, dass du dich daran gewöhnst, es für dich zu tun. Solltest du allerdings mal einen Tag haben, an dem es dir richtig schwerfällt, dich selbständig zu sammeln, dann nutze die gesprochene Anleitung als Unterstützung.

Nun mach es dir meditativ bequem und probier es direkt einmal aus. Viel Freude dabei!

Die Atemmeditation

Lass dich in einer dir angenehmen aufrechten Haltung auf deinem Meditationsplatz nieder und richte dich ein. Gib dir Zeit, auf deinem Platz anzukommen.
Spüre den Boden unter dir, die Kontaktpunkte vom Gesäß zum Kissen, Bänkchen oder Stuhl, die Auflagefläche der Füße oder Beine auf dem Boden ... Verbinde dich bewusst mit dem stützenden und haltenden Element der Erde, deinem festen und sicheren Sitz. Dann nimm wahr, wie dein Oberkörper sich aus dem Becken heraus in den Raum aufrichtet.
Wenn möglich, lass deine Augen offen. Der Blick ruht sanft etwa zwei bis drei Meter vor dir auf dem Boden, ohne etwas Spezielles zu betrachten. Die Lider sind leicht abgesenkt, behalte jedoch den Lidschlag bei. Sollte dies am Anfang zu anstrengend für dich sein, schließ deine Augen zwischendurch immer mal wieder ganz sanft.
Lass alle Spannung aus deinem Körper fließen. Lass dein Gesicht ganz weich werden, deinen Nacken, deine Schultern und Arme, deinen Brustraum und Bauch, dein Gesäß, deine Beine, deine Füße. Alles darf lockerlassen, nach unten sinken, ganz weich werden. Dein Sitz trägt dich, die Erde trägt dich, ohne dass du etwas dafür tun musst. Deine Wirbelsäule hält dich als Achse aufgerichtet, bewahrt weiter deine würdevolle und klare Ausrichtung.
Nun nimm sanft und freundlich Kontakt zu deinem Atem auf. Wo spürst du ihn gerade? Vielleicht an den Nasenlöchern, wo sich ein zarter Lufthauch bemerkbar macht? ... Oder vielleicht in der Kehle, wo der Atem den Rachen kühlt? ... Im Brustraum, der sich mit dem Einatmen weitet? ... Oder im Bauch, der sich beim Einatmen nach vor-

ne wölbt und wieder einzieht beim Ausatmen? Fühl bewusst in jede Stelle hinein.

Entscheide dich nun für die Stelle, an der es dir gerade leichtfällt, den Atem zu fühlen, und verankere dort sanft deine Aufmerksamkeit. Richte bewusst deine Aufmerksamkeit freundlich und wohlwollend auf die Empfindungen deines Atems an dieser Stelle und beginne zu fühlen, wie er dort vorbeiströmt oder wie sich dieser Bereich bewegt. Atemzug für Atemzug, Moment für Moment. Verweile an diesem Punkt und spüre deinen Atem. Jeder Atemzug ist ein Moment – jetzt. Atemzug für Atemzug hältst du dich nun mit deiner Aufmerksamkeit in der Gegenwart.

Dein Atem ist wie eine Insel oder ein Surfbrett im Strom der Gedanken, die dich leicht hinforttragen in die Zukunft oder Vergangenheit. Kehre immer wieder über den Kontakt zu den Empfindungen des Atmens in den gegenwärtigen Moment zurück. Spür deinen Atem bewusst, und erlaube deinem Geist hier zu verweilen und damit Pause zu machen vom vielen Grübeln und Nachdenken. Einfach nur da sein … ausruhen im gegenwärtigen Moment … regenerieren und wieder Kraft schöpfen.

Bemerke, wenn deine Aufmerksamkeit abschweift, wenn du anfängst, nachzudenken, zu planen oder zu träumen, und bring deine Aufmerksamkeit dann freundlich, aber auch klar und entschieden, ohne Kommentar, wieder zum Fühlen deines Atems zurück … Lass die Gedanken kommen und gehen, doch folge ihnen nicht. Sie ziehen vorbei wie Wolken am Himmel, solange du nichts weiter mit ihnen machst. Sie sind einfach nur traumgleiche Produkte deines kreativen Geistes. Wenn du doch auf einen Gedanken angesprungen bist, wieder nachdenkst oder grübelst, dann wende dich davon ab, indem du deine Auf-

merksamkeit ganz freundlich, wohlwollend und geduldig wieder zu deinem Atem zurückbringst. So, als würdest du dich innerlich freundlich und fürsorglich an die Hand nehmen und zurückgeleiten. Immer und immer wieder ... Es ist überhaupt nicht schlimm, wenn du dich oft zurückholen musst ... Sieh es als Training an, dich zu zentrieren. Selbst wenn es gefühlte eine Million Mal sind, dann hast du eine Million Mal trainiert, zurückzukommen, und das ist großartig! Auch wenn es etwas anstrengend ist, stärkt es dich mehr und mehr in deiner Autonomie und Selbststeuerung!
Der Atem fließt, der Boden trägt ... Du brauchst nichts Spezielles zu tun. Verweile einfach nur bei deinem Atem, und erlaube dir, einfach da zu sein ... ganz sanft, ganz freundlich ... der Rest geschieht von selbst.
Wenn du merkst, dass sich dein Körper gerade wieder etwas mehr anspannt oder eingesunken ist, dann atme aus, löse die Spannung und richte dich wieder sanft und würdevoll auf.
Bemerke, wenn du abschweifst, und kehre zurück zu deinem Atem. Übe das für ein paar Minuten in Stille.
Um die Meditation zu beenden, recke und strecke dich. Löse dich langsam und vorsichtig aus deiner Haltung, lockere deine Beine ein wenig, und wenn du nun aufstehst, bewahre dir die Aufmerksamkeit der Meditation für deine kommenden Aktivitäten, so lange es dir möglich ist.

Umgang mit möglichen Schwierigkeiten in der Praxis

Eine häufige Schwierigkeit, die gerade zu Beginn der Achtsamkeitspraxis auftritt, ist die, dass du vielleicht den Eindruck bekommst, dass die Gedankenaktivität eher zu- als abnimmt. Keine Panik! Das ist ein gutes Zeichen! Es wird nicht wirklich mehr, sondern du bekommst nun mit, was und wie viel in deinem Geist los ist. Es zeigt, dass du bewusster wirst. Ja, Achtsamkeit ist manchmal unbequem, denn sie schaut hin statt weg. Aber wir können nur wirklich mit den Dingen umgehen lernen, wenn wir ihrer gewahr werden. Unwissenheit oder Nichtbewusstheit wirken, zwar auf den ersten Blick komfortabel, und nicht selten wünschst du dir vielleicht auch die Zeit zurück, in der du nicht so viel mitbekommen hast, doch hey: Das ist jetzt deine Chance, wirklich aufzuräumen, so dass du es langfristig leichter hast in deinem Leben.

Umgang mit Müdigkeit und Schlaf

Möglicherweise hast du auch in der Atemmeditation mit Müdigkeit Bekanntschaft gemacht, mit eingeschlafenen Beinen, Schmerzen oder mit Unruhe. Auch das ist ganz normal. Was kannst du tun? Übe möglichst zu einem Zeitpunkt, zu dem du noch ausreichend wach bist. Wenn du bereits ins Bett gehörst, ist es nur natürlich, dass dein Körper zum Einschlafen neigt. Wenn deine Beine einschlafen oder dein Rücken schmerzt, sitzt du wahrscheinlich noch zu niedrig. Erhöhe deinen Sitz mit einer weiteren Decke oder wähle doch einen Stuhl, solltest du bisher auf einem Meditationskissen oder -bänkchen auf dem Boden geübt haben. Es geht wirklich nicht darum, ob du toll klassisch-meditativ aussiehst. Viel wichtiger ist, dass du eine Haltung einnimmst, die bequem, schmerzfrei und – das ist der wirklich wichtige Punkt – aufrecht ist. Auch wenn es für dich vielleicht anfänglich ungewohnt ist, weil du normalerweise eher eine bequeme Rundrückenhaltung einnimmst, lohnt es sich für dich, diese aufgerichtete Haltung einzunehmen, da du dir damit die Meditation erleichterst. Warum? Die aufgerichtete Haltung ist wichtig, denn mit dem aufrechten Sitz verbindet unser ganzer Organismus von Natur aus Klarheit, Wachheit und Aufmerksamkeit. Das kannst du gut beobachten, wenn im Alltag etwas plötzlich deine Aufmerksamkeit erregt, sofort strafft sich dein Körper. Ich muss dabei immer an Erdmännchen denken, wie sie sich wachsam und neugierig aufrichten, um besser gucken zu können. Ganz ähnlich machen wir es eben auch. Beobachte dich mal. Und wenn du in der Meditation einschläfst, wirst du wahrscheinlich auch beobachten können, dass dein Körper eingesunken ist. Solltest du es merken, dann straffe ihn wieder. Das hebt direkt die Lebensgeister. Solltest du trotz Aufrichtung mit Müdigkeit zu kämpfen haben, dann nimm es als Übung. Nicht immer sind wir müde, nur weil wir einschlafen. Manchmal ist es auch einfach die Tendenz, zu flüchten, grad wenn es langweilig, anstrengend oder unangenehm wird. Es gibt im normalen Alltagsgeschehen verschiedene Möglichkeiten, mit denen wir uns ablenken können: beispielsweise Gedanken, Träume, Pläne und Aktivitäten und Medienkonsum. Diese fallen in der Meditation weg. Die einzige Fluchtmöglichkeit ist der Schlaf (denn die Flucht in Gedanken versuchen wir ja einzudämmen). Wir haben es hier also mit einem Gewohnheitsmuster zu tun. Dem Geist ist es langweilig. Wir sitzen rum, tun nichts außer atmen. Der Geist möchte aber spielen. Und wenn er nicht spielen darf und sich langweilt, dann wählt er den Schlaf. Unsere Aufgabe ist es nun, auch wenn es anfänglich etwas anstrengend und nervtötend ist, die Aufmerksamkeit immer wieder zurück zur Atmung zu lenken und immer wieder freundlich, aber auch klar und bestimmt in die Wachheit zurückzukommen.

Der Sog des Schlafes ist stark und süß. Es ist so einfach, sich ihm zu ergeben. »Nur für einen kleinen Moment«, magst du vielleicht denken. Doch dieser kleine Moment ist trügerisch und bestätigt, immer wenn du ihm nachgibst, das alte Gewohnheitsmuster der Flucht. Sieh die Meditationszeit bitte als Trainingszeit. Es ist eine Übungszeit, in der du alte Muster überschreiben lernst und neue Verknüpfungen in deinem Gehirn durch Übung anlegst. Es braucht nur eine klare Entscheidung und eine freundliche, doch kompromisslose Umsetzung.

Neuroplastizität

Unter diesem Begriff verbirgt sich ein unglaublich komplexes Wunder: die Fähigkeit unseres Gehirns, sich immer wieder neuen Gegebenheiten anzupassen und hoch komplexe neuronale Netzwerke anzulegen, die es uns ermöglichen, auf effektivste und energiesparendste Weise zu (über-)leben. Jede Gewohnheit ist nichts anderes als ein durch kontinuierliche Wiederholung (Übung) angelegtes Netzwerk, das es uns ermöglicht, ohne viel nachzudenken (Nachdenken kostet Energie), automatisiert und effizient zu handeln. Das spart Energie und ist schneller, als jedes Mal neu zu überlegen, was wir jetzt wohl am besten tun sollten. Diese Netzwerke sind veränderbar, und zwar durch Umlernprozesse, die nichts anderes sind, als etwas anderes wiederholt durchzuführen, so dass ein neues Netzwerk entsteht.

Wenn wir beispielsweise versetzt werden und neue Aufgaben bekommen, umziehen oder sich unsere Lebenssituation verändert, dann passen manche alten Handlungsweisen nicht mehr. Wir müssen einen neuen Arbeitsweg nehmen, neue Fertigkeiten erlernen, mit anderen Menschen und ihren jeweiligen Eigenarten umgehen, mit oder ohne Partner oder auch mit körperlichen Einschränkungen leben lernen. Dies alles sind neue »Materialanforderungen« an unser Gehirn, neue Verknüpfungen anzulegen. Die mit Veränderungsprozessen einhergehende Verwirrung und Orientierungslosigkeit ist nichts anderes als der Zwischenzustand der Unsicherheit, der so lange besteht, bis sich neue Verbindungen, die optimal zur neuen Situation passen, gebildet haben. Wir brauchen dafür meistens etwas Zeit und auch eine Testphase, bis sich eine wirklich stimmige neue Handlungsweise gebildet und ein guter, neuer Weg gefunden hat. Dann löst sich unser Unsicherheitsgefühl wieder auf, und wir fühlen uns wieder sicher.

Verschaltungen, die wir nicht mehr benutzen, weil wir uns beispielsweise entschlossen haben, bestimmte Verhaltensweisen nicht mehr zu leben, oder diejenigen, die für die neue Situation nicht mehr passend sind, werden mit der Zeit abgebaut. Wir brauchen jedoch nicht erst darauf zu warten, dass sich unsere Lebenssituation verändert. Es reicht, dass wir für uns selbst entscheiden, das ändern zu wollen, was wir für uns nicht mehr als heilsam oder stimmig erleben. Mit Achtsamkeit, Entscheidungskraft und Übung können wir dann langfristig bewusst eine neue Handlungsstruktur in unserem Gehirn anlegen, die es uns ermöglicht, unser Leben heilsamer und stimmiger zu (er-)leben. So können wir unser Gehirn tatsächlich in weiten Teilen »umprogrammieren«. Es macht von selbst jedoch keinen Unterschied zwischen dem, was uns guttut, und dem, was uns schädigt. Das herauszufinden, obliegt unserer bewussten Erkenntnis. Und es liegt ebenfalls bei uns, zu entscheiden, welches Verhalten wir fortsetzen und damit in unserem Leben stärken oder auf welches wir verzichten möchten und damit neurologisch aussortieren. Anfänglich ist es anstrengend, das Neue zu etablieren, wie alles, was uns noch nicht geläufig ist, doch mit wachsender Übung wird es immer einfacher. Selbst alte Verschaltungen im Gehirn lassen sich mit der Zeit aufweichen und durch neue, heilsame ersetzen – dafür sind wir nie zu alt. Je mehr wir unser Gehirn fordern und fördern, desto einsatzfähiger und »geschmeidiger« bleibt es.

Warum ist Meditation so anstrengend, und was bringt mir das?

Da wir mit uns selbst und all unseren Mustern auf dem Meditationsplatz sitzen, ist Meditation einfach manchmal anstrengend, aber es lohnt sich wirklich. Die Belohnung zeigt sich mit der Zeit dann in deinem Alltag, indem du zunehmend wacher, klarer, entscheidungskräftiger und anwesender bist, weniger flüchten und kompensieren musst, wenn es mal unangenehm wird. Du baust mehr und mehr Vertrauen in dich auf, dass du mit den verschiedenen Situationen umgehen kannst, statt »abzuhauen« (körperlich oder geistig). Du brauchst dafür eine klare Ausrichtung deiner Absicht und etwas Disziplin, dabeizubleiben und dich nicht ablenken zu lassen – und wenn du abgelenkt wurdest, es zu merken und dich wieder zurückzuholen.

Meditation ist geistiges Training

Sieh die Atemmeditation als geistiges Krafttraining oder eine Art Geistes-Gymnastik an. Je häufiger du von Gedanken oder Schläfrigkeit abgelenkt wirst und dich wieder zurückholen musst, desto mehr trainierst du deine Fähigkeit, dich von Gedanken zu lösen. Das ist so ähnlich, als würdest du deine Armmuskeln mit einer Hantel stärken wollen. Mit wachsender Wiederholung ermüdet der Muskel zwar erst, doch der Körper baut zukünftig mehr Muskelmasse auf, um der neuen Anforderung gerecht zu werden, und so wird der Arm mit dem Training immer stärker. Das passiert auch bei dir in deinem Gehirn. Was immer du übst, wird stärker, auch wenn es dich anfänglich etwas ermüdet. Dieser Reiz der Wiederholung wird gebraucht, um die neuen Verschaltungen zu verstärken und auszubauen, damit du den neuen Vorgang immer leichter vollziehen kannst.

Du wirst im Laufe der nächsten Wochen immer ein bisschen tiefer in die Praxis einsteigen und auch lernen, mit Gedanken und Gefühlen auf eine andere Art umzugehen, als du es vielleicht bisher gewohnt warst. Doch jetzt geht es erst einmal darum, dass du dich mit deinen geistigen Prozessen vertraut machst und die geistige Kraft aufbaust, präsent und wach zu sein.

Achtsamkeit im Alltag üben

Damit du die Fähigkeit erlangst, dich auch im Alltag zu sammeln, wenn du gerade nicht auf deinem Meditationsplatz sitzt, möchte ich dich dazu anregen, dir eine gewöhnliche, unkomplizierte Alltagsaktivität auszuwählen, die du dann eine Woche lang meditativ erledigst – immer dann, wenn du sie sowieso tun musst. Meditativ heißt: bewusst und mit voller Aufmerksamkeit. Das ist »Meditation in Aktion«. Du kennst wahrscheinlich genügend Situationen, in denen du schon mal den Tag durchplanst, die Einkaufsliste dreimal durchspielst und dir sonstige mögliche Szenarien im

Kopf eine gehörige Portion Adrenalin durch die Adern jagen. Möglicherweise hast du dich auch öfter schon dabei ertappt, dass du nicht mehr wusstest, ob du dir die Haare schon gewaschen, die Haustür abgeschlossen oder die Kaffeemaschine ausgestellt hast. Wie schon ein paar Zeilen vorher gesagt, planen macht durchaus Sinn, und auch Einkaufslisten müssen geschrieben werden, aber es ist vollkommen unnötig, alles in Dauerschleife durchzuspielen und während wir einen genussvollen Moment unter der Dusche mit unserem herrlich duftenden Lieblingsshampoo verbringen könnten, uns diesen Erholungs- und Genussmoment durch dauerndes »Planen-Sorgen-Grübel-Kopf-Kino« zu vermiesen. Du entscheidest, ob du anwesend bist in deinem Leben oder ob du dich von deinem unaufhörlich plappernden und Bilder produzierenden Geist ablenken bzw. sogar stressen lässt. Du bist die einzige Person, die dem Einhalt gebieten kann. Und das zu üben, darum geht es in dieser Meditation in Aktion. Wie soll das gehen?

Meditation in Aktion – die Anleitung

Bleiben wir einfach beim Duschen. Während du duschst, spüre bewusst das Wasser auf deiner Haut, rieche bewusst den Duft deines Duschgels oder deiner Seife, höre das Wasser plätschern, sieh, wie du dich einseifst. Sei dir deines Körpers bewusst, auch wie er sich gerade anfühlt unter deinen Händen. Immer wenn du bemerkst, dass du wieder abgelenkt bist von deinen Gedanken – kein Drama. Bring dich einfach sofort wieder zurück zu dem, was du gerade riechst, spürst, siehst, hörst. Das ist die ganze Übung.

Im Laufe der nächsten Wochen kannst du gerne weitere Aktivitäten mit hinzunehmen, so dass du mit der Zeit deinen ganzen Alltag bewusst lebst, und plötzlich, ohne viel Aufwand, bist du achtsam, bewusst und wieder anwesend in deinem Leben. Statt dich von deinen Gedanken stressen zu lassen, kannst du die vielen kleinen und großen Momente deines Lebens wieder bewusst genießen und dich und dein Gemüt damit pflegen und nähren. Das bringt Kraft und schützt dich vor einem Burnout-Prozess, der nichts anderes ist, als ausgebrannt und leer zu sein, weil wir nicht darauf geachtet haben, unsere Kraftreserven wieder aufzufüllen. Nicht nur Essen nährt uns, sondern auch die vielen angenehmen sinnlichen Momente unseres Tages. Ich wünsch dir ganz viel Freude dabei!

Hier deine Übungen für die zweite Woche:

1. *Übe auch in dieser Woche den Body-Scan sechs Tage mit der CD.*
2. *Zusätzlich übe an sechs Tagen auch die Sitzmeditation mit Achtsamkeit auf den Atem mit CD. Du kannst die Meditation vor oder nach dem Body-Scan üben oder sie auch auf eine andere Tageszeit legen und vom Body-Scan getrennt üben. Probiere aus, was für dich gerade passend ist.*
3. *Übe Achtsamkeit während der alltäglichen Aktivitäten: Wähle dir eine Tätigkeit aus wie zum Beispiel das Zähneputzen, das Schuheanziehen, Brotschmieren, Duschen, Gesichteincremen, Kaffeekochen ... und führe sie in fürsorglicher Achtsamkeit aus.*

Woche 3

Wohlwollend dem Körper begegnen

Und euer Körper ist die Harfe eurer Seele, und es bleibt euch überlassen, ihm liebliche Musik zu entlocken oder verworrene Klänge.

Khalil Gibran

Willkommen in deiner dritten Kurswoche. Du bist nun schon seit zwei Wochen dabei. Was hast du bis hierhin erlebt? War es dir möglich, dir in der vergangenen Woche Zeit für die Übungen zu nehmen? Fiel es dir leichter oder eher schwerer? Wie bist du mit der Atemmeditation zurechtgekommen? Welche Übung fällt dir leichter, der Body-Scan oder die Meditation? Was hat es vielleicht schwergemacht? Was hast du über dich in der Woche gelernt? Mach dir dazu ruhig kurz ein paar Notizen.

Heute möchte ich dich ein wenig mehr mit den natürlichen Abläufen und Mustern vertraut machen, die uns Menschen zu eigen sind, und dich auf einen kleinen Exkurs in unser Gehirn mitnehmen. Dadurch wird es dir leichterfallen, dich in manchen Reaktionsweisen besser zu verstehen und auch deine Praxis eigenverantwortlicher einsetzen und nachvollziehen zu können. Anschließend werden wir uns noch einer körperlichen Übung des Achtsamkeits- und Selbstmitgefühlstrainings widmen, und zwar dem Yoga. Aber nun geht's erst einmal auf die Reise in dein Gehirn.

Von Reptilien, Tieren und Menschen

Unser Gehirn teilt sich ganz grob gesprochen in drei Hirnstrukturen auf, die alle evolutionsbiologisch begründet sind. Der älteste Bereich, und damit auch der tiefste Bereich unseres Gehirns, ist das Reptiliengehirn. In ihm ist unser Überlebensinstinkt angelegt, wozu auch die Fortpflanzung gehört sowie Jagdinstinkt und territoriales Verhalten (Verteidigung). Etwas höher angesiedelt und evolutionsbiologisch jünger ist das Säugetiergehirn, das wesentlich mehr an Sozialkompetenz vorzuweisen hat als das der Eidechse oder der Schlange. Denke beim Säugetiergehirn ruhig an deine Katze oder deinen Hund. Für beide ist ein ausgewogenes Verhältnis von Nähe und Distanz sehr wichtig, Fürsorge sowie klare Rudelstruktur. Das Säugetiergehirn beinhaltet Verhaltensmuster, die für das Zusammenleben in Gruppen hilfreich sind, wie Emotionen, Hierarchien und soziale Bindung.

Der jüngste und höhere Hirnbereich ist unser menschliches Säugetiergehirn. In ihm finden sich komplexere Fähigkeiten wie beispielsweise Sprache, Abstraktionsfähigkeit, mathematisches Verständnis, musische Fähigkeiten, Kreativität und die Fähigkeit zu komplexen strategischen Denkvorgängen, mit denen wir vergangene Erfahrungen mit unseren Wünschen oder Befürchtungen für die Zukunft abgleichen und neue Szenarien mit dazupassenden möglichen Handlungsschritten entwickeln.

Jeder dieser drei Hirnbereiche hilft uns heute als Spezies Mensch, in dieser sehr komplexen und sich dauernd verändernden Welt zu bestehen. Jede Routine, die als Gewohnheitsmuster im Gehirn durch Wiederholung angelegt wurde, ist ein Energiesparmodell, das uns hilft, unsere Kräfte und Ressourcen zu schonen, sowie schnell, effektiv und ohne groß überlegen zu müssen in gewohnten Situationen zu handeln.

Herzlichen Glückwunsch! Du hast bis heute überlebt!

Alles, was wir in unserem Leben an Verhaltens- und Reaktionsmustern an den Tag legen, dient unserem Überleben. Manches davon ist serienmäßig von der Natur so eingebaut, anderes haben wir uns im Laufe unseres Lebens angeeignet, entweder durch Erziehung, Nachahmung, Übung oder durch Erfahrung. Du solltest wissen, dass unser Organismus nichts ohne Grund tut. Die Natur tut nichts einfach so. Auch wenn du das Gefühl hast, grundlos ein Verhaltensmuster abzuspulen, das für deine heutige Lebenssituation nicht mehr passend erscheint, gab es mal eine Zeit, in der genau dieses Muster für dich wichtig war. Irgendwann einmal hat dir dieses Muster geholfen, in deinem Leben zu bestehen und möglichen Schaden zu vermeiden oder zu minimieren.

Selbst das Verhalten, mit dir selbst sehr kritisch und wenig liebevoll umzugehen, ist ein Relikt aus einer Zeit, in der es wahrscheinlich für dich (überlebens)notwendig war, exakt nach den Ansprüchen der anderen zu funktionieren, keine Fehler zu machen, damit nicht angreifbar zu sein und weder bestraft noch abgewertet zu werden. Heute macht dieses Verhaltensmuster dich möglicherweise krank, stresst dich oder führt zu zwischenmenschlichen Komplikationen, die wiederum das Gefühl der Angst und Unsicherheit auslösen, wenn du nicht perfekt funktionierst und alles unter Kontrolle hast.

Drei Regulationssysteme

Der Natur nach haben wir evolutionsbiologische Mechanismen in uns, die uns helfen zu (über-)leben. Dazu gehört unser Alarmmodus, der zu erhöhter Wachsamkeit führt und schließlich zu Angriff oder Flucht, unser Begierde- oder auch Antriebsmodus, der sich in Erregung oder Verlangen zeigt und zu Jagd nach Essen, Besitz, Sexualpartnern, Macht und Status führt, sowie dem Beruhigungs- oder Fürsorgemodus, der uns entspannt und meist dann zum Vorschein kommt, wenn alle Bedrohungen ausgeschaltet und der Kühlschrank voll ist. Dieser ist darauf ausgerichtet, dass wir uns regenerieren und soziale Bindungen pflegen und damit noch mehr unsere Sicherheit stärken.

Hormonelle Steuerung

Jeder Modus geht einher mit dazugehörigen Hormonen und Gefühlsregungen, die dazu führen, dass wir entsprechende Handlungen einleiten. Der Alarmmodus ist ein Stressmodus und setzt in Bruchteilen von Sekunden Stresshormone frei, die uns sehr wachsam werden lassen und uns in kürzester Zeit in Wut oder Angst versetzen, Kraftreserven mobilisieren und uns somit bestens auf die Bekämpfung einer Gefahr, eine Flucht oder auch Erstarrung (tot stellen) vorbereiten. Der Begierdemodus will etwas haben und erzeugt in uns eine starke Erregung und Fokussierung auf das Objekt der Begierde. Das vorherrschende Hormon ist hier das Belohnungshormon Dopamin, das in uns ein Hochgefühl auslöst, wenn die »Jagd« erfolgreich war. Dieses Hochgefühl speichert sich ab, und wir versuchen es, durch erneutes Jagen immer wieder herzustellen. Doch Dopamin baut sich sehr rasch wieder ab, so dass es schnell wieder zu einem unzufriedenen Gefühl kommt. Die nächste Jagd wird fällig. Von der Natur sehr geschickt eingefädelt, denn so stellt sie sicher, dass wir immer wieder optimieren und für optimale Bedingungen sorgen. Dauernde Verbesserungen bedeuten für die Natur verbesserte Lebensbedingungen. Ohne diese Optimierungen hätten wir als Spezies Mensch in dieser sich permanent verändernden Welt nicht überlebt.

Die Mischung macht's

Das, was wir hier jetzt so schön sortiert lesen, mischt sich in der Realität. Wir wechseln schnell von einem in den anderen Modus und wieder zurück. Beispiel: Stell dir vor, eine für dich perfekte Stelle wird firmenintern ausgeschrieben. Das ist einfach deine Traumstelle, und du bewirbst dich. Einerseits spürst du Vorfreude und Hoffnung, doch dann mischt sich die Angst hinein: »Was geschieht, wenn ein anderer besser ist oder den Entscheidern einfach besser gefällt?« Schon kippt der Begierdemodus in den Alarmmodus. Die Hormone verändern sich, deine Gefühlslage auch. Aus freudvoller Jagd-Erregung wird Angst vor Niederlage oder/und vielleicht sogar Wut auf potenzielle Konkurrenten. Das ist ziemlich archaisch, und mit gutem Zureden ist hier auch meist nicht viel auszurichten. Das kann sich in Gedanken zu einem wahren Drama ausspinnen und dich ziemlich umtreiben. Und prompt bist du im schönsten Stressgeschehen.

Der Begriff »Stress« entstammt übrigens der Werkstoffkunde, die darunter versteht, ein Material einer Belastung auszusetzen – also ein Material zu »stressen«. Entweder hält es dem Stress stand, oder es geht kaputt. Dies können wir auch auf uns übertragen. Sind wir gestresst, stehen wir unter Belastung, und es liegt in unserer jeweiligen persönlichen Konstitution, wie wir als lebendiges »Material« körperlich und psychisch der Belastung standhalten können. Nicht umsonst gibt es diese Aussprüche: »Meine Nerven sind zum Zerreißen gespannt«, »Ich halte den Druck nicht aus!« oder »Der hat Nerven wie Drahtseile«. Doch was ist eigentlich konkret Stress, und gibt es nicht auch positiven Stress?

Positiver und negativer Stress – gibt's das?

Ich persönlich halte überhaupt nichts von der Bezeichnung »positiver Stress«. Auch die Wissenschaft distanziert sich von diesem veralteten Begriff, da er zu Verwirrung und zu dem Irrglauben führt, dass sich Stress auch angenehm anfühlen könnte. Wenn man berücksichtigt, dass der Stressmodus nur ausgelöst wird, wenn der Organismus irgendwo eine potenzielle kurz- oder langfristige Lebensbedrohung ausgemacht hat (selbst wenn sie objektiv betrachtet tatsächlich gar keine Lebensbedrohung sein sollte), kann das kein angenehmer Zustand sein. Stress entsteht nicht bei Spaß, denn Spaß oder Freude ist keine Lebensbedrohung! Unser Organismus braucht zum Auslösen des Stressmodus einen Moment der Unsicherheit, der Überforderung oder auch einen Schreck (beispielsweise zu realisieren, etwas Wichtiges versäumt zu haben). Einfach nur viel Arbeit zu haben muss auch noch keinen Stress bedeuten, es ist dann einfach nur viel Arbeit. Erst wenn man das Gefühl hat, dem nicht (mehr) gewachsen zu sein, entsteht ein Stressmodus. Ob jemand eine Situation als stressig, also belastend empfindet und wie stark, ist vollkommen subjektiv und wird von jedem Menschen anders erlebt. So fühlen sich manche von viel Arbeit eher stimuliert, denn viel zu tun zu haben und es vielleicht sogar mit Leidenschaft zu tun, kann hoch befriedigend sein. Das ist dann kein Stressmodus. Andere fühlen sich vom aktuellen Arbeitsvolumen erdrückt oder reagieren auf die angespannte Stimmung im Team. Stress entsteht immer dann, wenn irgendetwas uns ängstigt oder überfordert, und löst als ersten Anpassungsprozess einen Angriffs- oder Fluchtimpuls aus. Dieser ist in den heutigen Situationen nicht immer angemessen und muss von uns stark unterdrückt werden. Das ist noch zusätzlich anstrengend. Was diesen Stressmodus jedoch nach erfolgreicher Bewältigung für uns zum Gewinn macht, ist, dass er uns zu verbesserter Anpassung und neuen Fertigkeiten verhilft.

Stress gehört zum Leben dazu

Stress bzw. Belastung braucht prinzipiell nicht vermieden oder als etwas Schlimmes angesehen zu werden, zumindest kurzfristig nicht. Wir sind dafür bestens ausgestattet, da Stress zu unserem menschlichen Leben dazugehört. Es ist normal, ab und zu in Situationen zu kommen, die uns erschrecken, herausfordern und uns zum Anpassen und Umlernen bringen – gegebenenfalls auch mal zum Kämpfen oder Flüchten. Wenn man den Stressmodus als einen Anpassungsprozess an neue Herausforderungen oder veränderte Lebenssituationen sieht, hilft er uns, unsere Fähigkeiten zu verfeinern und uns zu stärken. Verläuft der Anpassungsprozess erfolgreich, kehrt anschließend das Gefühl von Sicherheit und Ruhe zurück (auch wenn sich Situationen verändert haben). Wir haben uns angepasst und leben munter weiter. Knifflig wird es erst dann, wenn wir diese Anpassungen nicht gemeistert kriegen, weil sie einfach unsere Kraft und unser menschliches persönliches Vermögen mit der Situation umzugehen übersteigen. Dann entsteht Langzeitstress, und den können wir nur begrenzt mit unseren Körperreserven aushalten. Da es sich um ein Überlebensprogramm für körperliche Bedrohungen und Krisensituationen handelt, ist es ein hoch energetisches Programm, in dem wir über die Maßen mit körperlicher Kraft zur Verteidigung oder Flucht vor Angreifern oder Naturkatastrophen ausgestattet werden. Es kostet uns viel Energie. Für kurze Zeitspannen brauchen wir uns keine Sorgen zu machen. Wir sind dann zwar natürlicherweise erschöpft, können die verbrauchte Energie jedoch schnell wieder auffüllen. Je länger der Stresszustand jedoch andauert, desto erschöpfter werden wir, und unser Organismus nimmt mit der Zeit Schaden. So kippt ein lebenserhaltendes in ein schädigendes Programm.

Insbesondere passt das körperbezogene »Angreifen-oder-flüchten-Programm« nicht mehr zur Lösung unserer heutigen, meist psychologischen Probleme. Hier sind Sozialkompetenz, Geistesklarheit, Kreativität, sprachliche Wendigkeit, Abstraktionsvermögen und eben (Selbst)Mitgefühl gefragt. Leider werden genau diese Funktionen durch den körperbezogenen Stressmodus und seine Hormone mehr oder weniger blockiert, da zu »Säbelzahntigers Zeiten« ein zu langes Nachdenken darüber, welche Waffe und welche Strategie wir wählen wollen, den sicheren Tod bedeutet hätte. Das führt heute meist nur zur Verschlimmerung der Situation, zu Fehlverhalten, Konzentrations- und Kommunikationsstörungen sowie zu massiven Schwierigkeiten im zwischenmenschlichen Bereich und damit meistens zu wachsendem Stress. Körperliche und psychische Folgeerkrankungen haben dann ein leichtes Spiel mit uns. Anpassung an unsere heutigen Anforderungen tut also not, wenn wir nicht jedes Mal unserer archaischen Natur blindwütig oder panisch vor lauter Stresshormonen folgen wollen.

Ganz gleich, ob es sich um kurzfristigen oder langfristigen Stress handelt, es ist grundsätzlich ein mehr oder weniger leidvoll empfundener Zustand. Ich kenne niemanden, der sich in so einer Situation nicht Entlastung und Entspannung wünscht, was gleichzusetzen ist mit dem Wunsch, dass das empfundene Leid aufhört. Doch was können wir dann tun?

Beruhigung einschalten

»Balance« ist das Zauberwort, und zwar eine bewusste Balance zwischen den einzelnen archaischen Modi Angriff/Flucht – Jagd/Begierde – Fürsorge/Erholung. Wer im Stress ist, vergisst nicht selten, dass es noch etwas anderes gibt außer den drängenden Anforderungen und Aufgaben. Die Folge ist, dass es zu einem massiven Energiedefizit kommt, da der Energieverbrauch höher ist als das, was zum Ausgleich wieder zugeführt wird. Auch wenn uns der Stressmodus von Natur aus in Aktivität gefangen hält, haben wir die Möglichkeit, trotzdem vom Fürsorge-/Erholungsmodus Gebrauch zu machen. Mit etwas Bewusstheit und Entscheidungskraft können wir diesen Modus aktiv einschalten und nutzen. Die Situation, die uns belastet, braucht also nicht vorbei zu sein, damit wir uns um uns kümmern können. Es ist sogar notwendig, dass wir für uns sorgen, damit wir leben können! Das Geheimnis unserer Gesundheit liegt im Gleichgewicht. Wir Menschen leben auf dieser Erde mit Polaritäten. Wachen/schlafen, Anspannung/Entspannung,

Arbeit/Erholung, hell/dunkel ... Wir brauchen all dies in einem ausgewogenen Maß zueinander, damit unser Organismus seine Arbeit tun kann und wir dabei gesund und kraftvoll bleiben können. Jeder Handwerker kümmert sich um sein Werkzeug. Er würde es nicht einfach nur so benutzen und dann dreckig in die Ecke stellen. Es wird wertgeschätzt, denn damit verdient er seinen Lebensunterhalt. Es wird gesäubert, instand gehalten, gepflegt und sorgsam behandelt. Unser Werkzeug in unserem Leben ist unser Körper. Wir können nicht erwarten, dass er einfach so störungsfrei funktioniert, wenn wir ihn nicht nähren und pflegen. Selbst unser Auto muss zumindest regelmäßig betankt und mit Öl versorgt werden. Den Fürsorgemodus in Stressphasen einzuschalten ist daher kein Luxus, sondern existenziell notwendig und hilft uns, wieder Zugang zu unseren höheren Hirnfunktionen zu bekommen.

Wie können wir diesen Modus einschalten?

Da wir uns in Stressphasen eher in evolutionsbiologisch älteren, vorsprachlichen Hirnstrukturen des Reptilien- und Säugetiergehirns bewegen *(limbisches System)*, sind diese Bereiche mit noch so klugen Worten leider nicht zugänglich. Sie sind jedoch sehr gut über sinnliche Wahrnehmung wie beispielsweise Klang (dazu gehört auch die Klangfarbe als der Ausdruck der Stimme), Geruch, Berührung, Farben oder Wärme ansprechbar. Möglicherweise hast du mit deinen Kindern oder auch bei dir selbst schon erlebt, wie schnell sich ein aufgebrachtes Gemüt beruhigte, wenn nicht nur in beruhigenden Klangfarben gesprochen wurde, sondern die aufgebrachte Person auch sanft berührt oder fürsorglich in den Arm genommen oder liebevoll in eine flauschige Decke eingekuschelt wurde. Echte menschliche Zuwendung vermittelt in solchen Situationen Geborgenheit und Sicherheit.

Wir können Stress nicht wegdiskutieren. Unser Gehirn muss energetisch umsetzen können, dass wir gerade sicher sind, und das tut es, wenn angenehme, beruhigend wirkende Impulse gegeben werden. In dem Moment, wenn wir liebevolle Berührungen spüren, angenehme Düfte riechen oder sanfte Klänge hören, wird unser »Wohlfühl- und Kuschelhormon«, das Oxytocin, ausgeschüttet, das auf unser Gemüt ausgleichend und beruhigend wirkt und die Stresshormonausschüttung reduziert. Da wir jetzt nicht immer darauf warten können, dass uns jemand in den Arm nimmt, geht es darum, dass wir beginnen, all dies uns selbst zu geben.

Entdeckung der Sanftheit

Nun wird vielleicht auch klar, warum es mir so wichtig ist, dass du es dir für die Übungen so angenehm und kuschelig wie möglich machst. Du gibst dir und deinem Organismus damit schon direkt eine große Portion Selbstfürsorge und damit die Empfindung von Sicherheit. Im Rahmen des Body-Scans hast du bereits schon Bekanntschaft gemacht mit meiner Stimme, mit sanften und beruhigenden Akzeptanzsätzen, und du hast damit experimentiert, dich selbst freundlich und sanft durch Handauflegen zu berühren. Fürsorge wirkt auch bis tief ins Gehirn und spricht dein limbisches System an. Möglicherweise war dies für dich etwas gewöhnungsbedürftig. Solltest du es bisher vermieden haben, dir selbst deine Hand aufzulegen – vielleicht magst du es jetzt einfach mal ausprobieren, nachdem du weißt, dass du damit selbst den »Fürsorgemodus« aktivierst und dein Organismus sich beruhigen kann.

Der Weg über den Körper ist dabei ein sehr praktikabler Weg, der direkt unser limbisches System anspricht und uns darin schult, pfleglich und freundlich mit uns umgehen zu lernen, übermäßige körperliche und geistige Spannung zu regulieren und uns zu regenerieren. Ja, es ist manchmal ein richtiges Lernen. Wir lernen uns kennen, erkennen unsere Muster, hören uns zu, wie wir mit uns selbst reden, und üben uns darin, fürsorglich mit uns umzugehen, uns zu beruhigen und uns zu versorgen. Das beginnt schon damit, dass wir es uns angenehm machen: eine warme Unterlage, eine weiche Decke, Kuschelsocken und vielleicht auch ein paar brennende Kerzen.

Die weichen Übungen des Yoga helfen, durch langsame Bewegungen unseren Körper zu spüren, vielleicht sogar leichter als im Body-Scan. Wir spüren uns sehr fein in den Dehnungen und erleben, wo wir gerade Härte gegen uns an den Tag legen, und können diese Härte wieder sanft lösen.

Wozu ist Yoga gut?

Die Übungen des Mitgefühls-Yoga, die die dritte Kernübung dieses Programms darstellen, helfen dir, mehr mit deinem Körper und deinen Mustern in Kontakt zu kommen, und bieten dir einen Rahmen, dich dir selbst wohlwollend anzunähern und in aktiver Fürsorge und Achtsamkeit zu üben. Dies löst einen neuen Lernprozess in deinem Gehirn aus, der neue Verknüpfungen ausbildet, die es dir auch im Alltag mehr und mehr ermöglichen, fürsorglich und mitfühlend mit dir umzugehen. Im Folgenden findest du den Text zu den einzelnen Yoga-Übungen zum Lesen. Auf der beiliegenden CD ist diese komplette Übungsreihe von mir für dich gesprochen, so dass du mit der CD von mir begleitet üben kannst. Solltest du mal mehr Zeit zwischen den Übungen brauchen, dann stoppe einfach die CD und fahre mit ihr fort, sobald du wieder bereit bist.

Empfehlungen zur Yoga-Praxis

Solltest du aktuell körperliche Einschränkungen haben und dir unsicher sein, ob und welche Übungen du durchführen kannst, besprich dies bitte sicherheitshalber mit deinem Physiotherapeuten oder Arzt. Solltest du im Moment die Übungen gar nicht durchführen können, weil du zum Beispiel einen fiebrigen Infekt hast, dann leg dich gemütlich auf den Rücken, hör dir die Übungen trotzdem an und mach sie einfach mental mit, ohne dich zu bewegen. Auch das wird etwas in dir bewirken. Grundsätzlich empfiehlt es sich, die Übungen nicht unmittelbar nach dem Essen zu machen, warte dann bitte mindestens zwei Stunden.

Du brauchst für die Übungen eine Yoga-Matte, eine Decke zum Zudecken, vielleicht ein kleines Kopfkissen für deine Bequemlichkeit und eine gefaltete Decke oder dein Meditationskissen in Griffnähe sowie auch die Fernbedienung des CD-Spielers, solltest du die CD stoppen wollen, weil du mehr Zeit zwischen/während den Übungen brauchst. Die gesamte Übungsreihe dauert etwas mehr als eine halbe Stunde. Damit du später nicht in Hektik kommst, plane lieber noch etwas mehr Zeit dafür ein, um danach vielleicht noch etwas nachzuruhen oder langsam aufzustehen. Jetzt wünsch ich dir viel Freude beim Üben!

Ausgangshaltung — Übung 1

Übung 2

Übung 3

Übung 4 — Übung 5

Übung 6

oder Nachspüren

Das Selbstmitgefühls-Yoga (CD)

Leg dich auf deinem vorbereiteten Platz auf den Rücken. Streck dich lang aus und mach es dir bequem.

Erlaube dir, bewusst in deiner Haltung anzukommen. Spüre den Boden unter dir und fühle, wie dein Körper auf der Unterlage aufliegt und von ihr getragen wird. Lass deine Füße nach außen fallen, deine Arme liegen neben deinem Körper. Wenn du magst, dreh die Handflächen zur Decke, das entspannt meist noch ein bisschen mehr deine Schultern. Liege so für ein paar Momente und erlaube dir, zur Ruhe zu kommen. Der Boden trägt dich ... dein Atem fließt ... lass ihn fließen, so wie er gerade kommen und gehen mag, ob schnell ob langsam, tief oder flach ist ganz gleich.

Schau, was in diesem Moment in dir gegenwärtig ist. Vielleicht ist da noch etwas Geschäftigkeit und Unruhe von den vorangegangenen Aktivitäten in deinem Körper spürbar. Ein leichtes Summen, Prickeln, Spannung ... Alles darf sein, wie es ist.

Und nun mach dich bereit für die erste Übung.

Mit der nächsten Einatmung heb deine Arme an und lass sie bis hinter deinen Kopf auf den Boden sinken. Leg deine Hände dort ab. Lass deinen Atem fließen und spüre, welche Bereiche deines Körpers gedehnt und vom Atem nun vermehrt durchströmt und durchlüftet werden.

Mit der nächsten Einatmung strecke genüsslich deinen rechten Arm und dein rechtes Bein ... mit der Ausatmung lass wieder locker. Dann wechsle die Seite und streck mit der nächsten Einatmung deinen linken Arm und dein linkes Bein. Ausatmend lass wieder locker.

Bring mit der nächsten Ausatmung deine Arme zurück in die Ausgangsposition, so dass deine Hände wieder neben deinen Hüften ruhen. Atme dabei tief aus, leere deine Lunge. Lass deinen Atem fließen und erspüre, was gerade in deinem Körper nach der Übung passiert.

Stell nun dein linkes Bein auf, der linke Fuß steht flach auf der Matte. Richte deine wohlwollende Aufmerksamkeit auf dein rechtes Bein. Zieh die Zehen zum Gesicht und mit der nächsten Einatmung heb dein rechtes Bein an, bis du es mit deinen Händen umfassen kannst. Beuge es ruhig ein wenig, sollte die Dehnung unangenehm sein. Umfasse dein Bein mit deinen Händen und unterstütze es so. Richte deine Aufmerksamkeit nun auf deinen rechten Fuß und beginne, ihn genüsslich kreisend durchzubewegen. Erst ein paar Drehungen nach rechts, dann nach links. Bleib mit deiner Aufmerksamkeit bei deinem Körper, bei den Empfindungen deines kreisenden Fußes. Vielleicht knackt es etwas im Gelenk. Führ diese Bewegung in der inneren Haltung von Freundlichkeit und Fürsorge aus. Du schenkst deinem Körper über sanfte Bewegung deine Aufmerksamkeit und hilfst ihm beweglich und ausgeglichen zu bleiben oder sich zu regenerieren.
Komm nun wieder zur Ruhe, halte dein Bein noch ganz kurz oben, dann löse deine Hände und lass das Bein mit der nächsten Ausatmung wieder langsam absinken und streck es lang aus. Spüre nach.

Wechsle nun die Seite. Stell jetzt dein rechtes Bein auf, der rechte Fuß steht flach auf der Matte. Richte deine Aufmerksamkeit freundlich auf dein linkes Bein. Die Zehen zum Gesicht ziehen und mit der nächsten Einatmung heb dein linkes Bein an, bis du es mit deinen Händen umfassen kannst. Beuge oder lass es gestreckt, je nachdem, was für dich möglich und angenehm ist. Halte dein Bein mit deinen Händen und beginne deinen linken Fuß genüsslich kreisend durchzubewegen. Erst rechts herum … dann nach links. Bleib mit deiner Aufmerksamkeit bei den Empfindungen deines kreisenden Fußes.

Nun komm wieder zur Ruhe, halte dein Bein noch ganz kurz oben, löse deine Hände und lass es mit der nächsten Ausatmung wieder langsam absinken und streck es lang aus. Spüre nach.

Zieh nun ein Bein nach dem anderen an deinen Oberkörper heran und umfasse deine Knie mit deinen Händen oder Armen. Nimm wahr: Entsteht gerade eine Dehnung in deiner Gesäßmuskulatur? ... Halte diese Position und bleib freundlich im Kontakt mit deinem Körper, bis die Spannung in deinem Gesäß nachlässt ... Beginne nun ganz sanft, deine Beine mit den Armen hin und her zu wiegen, von rechts nach links, von links nach rechts. Ganz langsam, feine, wiegende Bewegungen ... ganz liebevoll und fürsorglich ... Dann erweitere den Bewegungsradius und lass die Knie kreisen. Vielleicht spürst du, wie durch diese Bewegung dein Lendenwirbelbereich massiert wird. Führe die Bewegung so aus, dass sie dir guttut ... Dann lass die Bewegungen kleiner werden und komm langsam zur Ruhe ... Halte deine Beine noch für einen kurzen Moment und lass sie dann langsam eines nach dem anderen wieder nach unten sinken. Die Arme und Hände lösen sich dabei und geben die Beine wieder frei, bis die Füße wieder fest auf der Matte stehen. Wenn du magst, streck deine Beine lang aus. Spüre nach.

Dreh dich nun auf die Seite und komm über die Seite ins Sitzen hoch. Setz dich mit gekreuzten Beinen in den Schneidersitz. Sitze, wenn möglich, ohne ein Kissen unter deinem Gesäß, oder wenn, dann nur leicht erhöht auf einer gefalteten Decke. Wenn ein Schneidersitz für dich nicht machbar ist, lass deine Beine einfach lang vor dir ausgestreckt. Stütz dich nun mit deiner rechten Hand auf dem Boden neben dir ab, führe einatmend den linken Arm über die Seite gestreckt nach oben bis über deinen Kopf und beuge ausatmend deinen Oberkörper nach rechts hinüber. Dein rechter Arm stützt dich. Wenn du magst, kannst du den rechten Arm langsam beugen, das unterstützt die Dehnung der linken Körperseite. Lass deinen Atem ruhig ein- und aus fließen. Reguliere für dich die Intensität der Dehnung. Führe die Übung so aus, dass sie für dich angenehm ist. Spüre die Dehnung und lass mit jedem Einatmen die linke Seite sich immer weiter öffnen. Nun beende die Übung langsam und vorsichtig. Streck den rechten Arm, richte dich langsam wieder auf und lass zum Schluss den linken Arm wieder absinken. Lass deine beiden Hände auf den Oberschenkeln ruhen oder in deinem Schoß. Spüre nach.

Wechsle nun die Seite. Stütz dich mit deiner linken Hand auf dem Boden neben dir ab, führe einatmend den rechten Arm über die Seite gestreckt nach oben bis über deinen Kopf und beuge ausatmend deinen Oberkörper nach links hinüber. Dein linker Arm stützt dich nun. Wenn es für dich angenehm ist, kannst du den linken Arm langsam beugen, um deine linke Körperseite noch ein bisschen mehr zu dehnen. Dein Atem fließt kontinuierlich ruhig ein und aus. Reguliere für dich die Intensität der Dehnung, so, wie es für dich angenehm ist, und lass mit jedem Einatmen die rechte Seite sich immer weiter öffnen.
Nun löse die Übung langsam und vorsichtig auf. Streck den linken Arm, richte dich langsam wieder auf. Lass zum Schluss den rechten Arm wieder absinken. Leg deine beiden Hände auf den Oberschenkeln ab und lass sie in deinem Schoß ruhen. Spüre nach.

Nun leg deine Fußsohlen aneinander. Wenn es für dich angenehm ist, setz dich auf eine gefaltete Decke oder dein Meditationskissen. Diese Übung wird leichter, je höher du sitzt, und du darfst es dir ruhig leichtmachen! Umfasse deine Fußgelenke mit den Händen und richte deinen Rücken gerade auf. Mit dem nächsten Ausatmen ziehe deinen Oberkörper mit geradem Rücken aus dem Becken heraus so weit sanft nach vorne, wie dir der gerade Rücken erhalten bleiben kann. Wenn sich dein Rücken rundet, bist du schon zu weit. Geh dann wieder so weit mit dem Oberkörper zurück, bis du deinen Rücken wieder gerade halten kannst. Geh mit den Möglichkeiten deines Körpers, statt zu versuchen, ihn mit deinem Willen zu unterwerfen. Erlaube dir, sanft, fürsorglich und wohlwollend mit dir umzugehen. Es geht nicht um einen Wettstreit, weiter oder tiefer nach unten zu kommen, besser zu werden oder besonders dehnfähig zu sein. Halte diese Position einfach und komm in Kontakt mit deinem Körper und seiner jeweiligen Grenze. Erspüre, was passiert, wenn du aufhörst, dich anzustrengen, und alles lockerlässt – dein Gesicht, deine Hände, Arme, Beine, Bauch – und einfach mal die Schwerkraft arbeiten lässt, die Position hältst und mit der Dehnung atmest. Lass den Atem fließen, lass locker. Nimm wahr, was geschieht.
Löse nun die Übung langsam und vorsichtig wieder auf, unterstütze dabei deine Knie mit deinen Händen und führe sie so wieder zusammen. Streck deine Beine und lockere sie ein wenig. Spüre nach.

Komm nun auf deine Knie und nimm den Vierfüßlerstand ein. Positioniere deine Kniegelenke unter deinen Hüftgelenken und die Handgelenke unter deinen Schultergelenken. Der Rücken ist gerade wie ein Tisch, der Nacken lang und das Gesicht parallel zum Boden ausgerichtet.

Heb nun dein rechtes Bein einatmend an und streck es ausatmend lang nach hinten in den Raum. Wenn du magst, heb dabei deinen Kopf an. Halte diese Position. Lass deinen Atem fließen. Mit der nächsten Ausatmung senke deinen Kopf ab, runde deinen Oberkörper und zieh dein rechtes Bein unter deinen Körper Richtung Gesicht. Leere dabei deine Lunge. Einatmend streck dein Bein und deinen Rücken wieder gerade und heb deinen Kopf an. Halte das Bein, und dann lass es ausatmend wieder sinken und komm zurück in den Vierfüßlerstand. Spüre kurz nach.

Wechsle nun die Seite. Das Gesicht ist parallel zum Boden ausgerichtet, der Rücken gerade. Heb jetzt dein linkes Bein einatmend an und streck es ausatmend lang nach hinten in den Raum. Wenn du magst, heb dabei den Kopf an. Halte die Position und lass dabei deinen Atem fließen. Mit der nächsten Ausatmung senke deinen Kopf ab, runde deinen Oberkörper, zieh deinen Bauch ein, drück deinen Rücken nach oben und ziehe dein linkes Bein unter deinen Körper Richtung Gesicht. Leere dabei deine Lunge. Einatmend strecke dein Bein und deinen Rücken wieder gerade und heb deinen Kopf an. Halte das Bein und dann lass es ausatmend wieder sinken und komm zurück in den Vierfüßlerstand. Spüre nach.

Lass nun dein Gesäß auf deine Fersen absinken, streck deinen Oberkörper und deine Arme lang nach vorne und leg deine Stirn auf deiner Matte ab. Wenn das unbequem ist, finde eine für dich passende beliebige Sitzposition, in der du schmerzfrei und entspannt sitzen kannst, oder leg dich einfach auf den Bauch. Hauptsache, es ist für dich bequem und du kannst entspannt nachspüren.

Leg dich nun wieder auf den Rücken. Du kannst die Beine aufstellen, wenn dir das angenehm ist, oder dich ganz lang ausstrecken. Lass nun die Erfahrungen mit der Übungsreihe noch mal Revue passieren. Wie hat sich dein Körper heute in den Übungen angefühlt? Warst du zufrieden mit ihm oder unzufrieden? Konntest du für dich sorgen und die Grenzen deines Körpers annehmen, freundlich und großzügig mit dir sein? Oder hast du versucht, deinen Körper zu unterwerfen und deine momentanen Bedürfnisse zu ignorieren? Wie geht es dir jetzt? Bist du ruhig und ausgeglichen oder gestresst, verärgert oder gar traurig?

Was auch immer gerade in dir ist, erlaube dir, dass es so sein darf. Gib dir nun noch etwas Zeit mit dir in Stille. Leg dir eine oder beide Hände auf dein Herzzentrum. Spüre die Wärme deiner Hände. Fühle deinen Atemrhythmus und wie sich deine Hände mit der Atmung heben und senken. Schenk dir bedingungslose Aufmerksamkeit. Was wünschst du dir? Was brauchst du jetzt? Lass in dir einen Wunsch entstehen und lass ihn aus deinem Herzen heraus aufsteigen. Lass diesen Wunsch mit dem Atem strömen. »Möge ich glücklich sein.« »Möge ich liebevoller mit mir sein.« »Möge ich mich annehmen, wie ich bin.« »Möge ich meine Grenzen respektieren und *mich* damit respektieren.« Wünsche, was auch immer für dich gerade stimmig ist.

Und dann lass alles zur Ruhe kommen. Löse deine Hände, leg sie neben dir ab. Lass deine Füße nach außen fallen und löse jegliche Restspannung in deinem Körper. Lass alle Spannung in den Boden fließen. Lass los. Der Boden trägt, dein Körper atmet, alles ist getan, und so darf nun alles sein, wie es ist.

Richte nun langsam deine Aufmerksamkeit wieder auf die Dinge um dich herum. Höre auf die Geräusche deines Zimmers, deiner Umgebung. Dann nimm einen tiefen Atemzug, streck dich oder mach eine Bewegung, die dir jetzt guttut. Öffne langsam die Augen. Roll dich auf die Seite und komm langsam über die Seite ins Sitzen. Wenn du nun wieder in deinen Tag gehst, erhalte dir deine fürsorgliche Aufmerksamkeit, solange es dir möglich ist.

Umgang mit dem inneren Schweinehund
Bevor ich dich in die kommende Woche entlasse, möchte ich dich noch ein wenig mit dem sogenannten »inneren Schweinehund« bekannt machen, dem König der Verhinderer. Du kennst ihn bestimmt. Er ist ein sehr gemütliches Kerlchen, das meistens eher die Couch der Yoga-Matte oder dem Meditationsplatz vorzieht und mit unschlagbaren logischen Argumenten aufwartet, warum es jetzt ein vollkommen unpassender Zeitpunkt für unsere Übungen ist. Mit ihm zu diskutieren macht überhaupt keinen Sinn. Es gibt nur eine wirklich funktionierende Maßnahme: MACHEN! Keine minutenlange Diskussion, ob oder ob nicht. Matte ausrollen, CD starten, mitmachen. Punkt.

Doch was bezweckt dieses Tierchen eigentlich? Ganz einfach: Er ist dein Aufpasser! Der Schweinehund ist ein sehr flauschiges, schreckhaftes und sicherheitsbedürftiges Wesen. Er liebt Gemütlichkeit und Gewohnheit, denn das bedeutet Sicherheit. Wenn du etwas Neues in deinem Leben etablieren möchtest, sieht dein Aufpasser nicht den Spaß, den es machen könnte (dafür fehlt ihm die Erfahrung), oder das Wohlgefühl, sondern in erster Linie die Unsicherheit, die Anstrengung, das Unbequeme. Das mag er aber so gar nicht. Da er den Auftrag hat, dich zu sichern, wird er alles ins Feld führen, was dir vermittelt, dass es jetzt keine gute

Idee ist, das Neue gerade heute und in diesem Moment anzufangen. Er hat einfach Angst. Und je größer der Schritt, je größer die Neuerung ist, desto mehr verkrümelt er sich (mit dir) auf die Couch und hält dich dort schön fest. Das ist das, was wir in unserem Leben dann häufig als Antriebshemmung erleben. Dein Schweinehund ist nicht mit Abenteuern, sondern mit Gemütlichkeit und wohligen Erfahrungen zu ködern. Und sobald er erlebt hat, dass die neue Aktivität angenehme Erlebnisse beinhaltet und du dich wohler fühlst, wird er davon mehr haben wollen. Dein Wohlgefühl liegt ihm am Herzen. Die Schwierigkeit besteht nur darin, ihn in den wiederholten Kontakt mit dieser Erfahrung zu bringen, so dass er sich das merken kann und seine meist unbegründete Angst verliert. Das geht nur dadurch, dass wir in der Anfangszeit dieses lamentierende Kerlchen ignorieren und uns an das Nike-Mantra »Just do it!« halten. Und nach einiger Zeit wirst du erleben, dass der Schweinehund an deinem Meditationsplatz steht und ziemlich irritiert sein wird, wenn du heute mal die Übung ausfallen lassen möchtest. Dann wird er zu einem Rettungsbernhardiner werden, der dich treu und fürsorglich dazu überredet, doch wenigstens ein paar Minuten zu meditieren, weil das Leben sich damit einfach so viel angenehmer anfühlt.

Hier ein Erfahrungsbericht einer Teilnehmerin des Selbstmitgefühl-Kurses, die arg mit diesem plüschigen Gesellen zu tun hatte:

»Auch wenn ich es liebe, am frühen Morgen zu praktizieren, diese Energie und Kraft mitzunehmen, wenn so langsam der Tag erwacht, ist für mich dieses furchtbar frühe Aufstehen und das Verlassen des wohlig warmen Bettes eine echte Überwindung.

Aber, treffe am Ende nicht ich die Entscheidung, wie ich

mein Leben gestalten möchte? Also, statt weiteren endlosen Diskussionen mit meinem kleinen, faulen und plüschigen Schweinhund und all seinen wundervollen Ausreden – wie »das kannst du nicht machen ... du MUSST hier im Bett bleiben ... du BRAUCHST genau diese halbe Stunde, sonst wird der Tag ein Desaster«. Statt DRAMA, DRAMA, DRAMA heißt es für mich ab sofort: einfach mal MACHEN, statt zu diskutieren! Und was soll ich sagen: Jetzt sitzen der kleine Schweinehund und ich morgens um 5:30 Uhr gemeinsam auf der Matte im Kerzenschein und strahlen um die Wette! Irgendwie doch ganz cool – die erste halbe Stunde des Tages nur mir selber widmen zu dürfen, in Stille, Präsenz, Achtsamkeit und Selbstmitgefühl. Welch ein Geschenk!«

In diesem Sinne wünsche ich dir von Herzen eine interessante und schöne Praxiswoche mit folgenden Übungen:

Deine Übungen für die dritte Woche:

1. Übe den Body-Scan und am anderen Tag Yoga im Wechsel für sechs von sieben Tagen.
2. Übe die Atemmeditation an sechs Tagen in dieser Woche bitte selbständig ohne CD für insgesamt 15 Minuten. Stell dir dazu einen Wecker oder deinen Handy-Timer. Übe bitte nicht länger als vorgesehen, auch wenn es dir vielleicht leichtfällt oder Freude bereitet. So bleibst du freudig motiviert. Sollte es dir mal sehr lang vorkommen, mach in der Mitte der Zeit eine kleine Pause. Reck und streck dich, lass deinen Blick von rechts nach links und wie-

der zurück über die Zimmerdecke streifen, nimm einen Schluck Tee oder Wasser (bitte vorher bereitstellen) und dann fahre mit der Meditation erfrischt fort.
3. Achte die Woche mal auf deine Stressreaktionen. Erkenne, in welchem Modus du gerade bist, im Alarm-, Begierde- oder Fürsorge-/Beruhigungsmodus? Woran kannst du sie erkennen? Mach dir dazu ruhig ein paar Notizen.
4. Schöne Grüße an deinen Schweinehund! Denk daran: einfach MACHEN!

Woche 4

Selbstregulation durch Mitgefühl

Erlösung kommt von innen, nicht von außen und wird erworben nur und nicht geschenkt. Sie ist die Kraft des Innern, die von draußen rückstrahlend deines Schicksals Ströme lenkt.

Ephides

Nun bist du schon drei Wochen dabei! Wie geht es dir? Wie ist es dir in der vergangenen Woche mit den Übungen ergangen? Konntest du die Übungen abwechseln? Was liegt dir mehr, Yoga oder eher der Body-Scan, oder magst du beide (oder keinen von beiden)? Was hast du durch Yoga über dich lernen können?

Es mag dir von der Übungsmenge langsam etwas viel werden. Das kann ich gut verstehen. Doch es wird nicht immer so sein. Nimm es als besonders intensive Zeit, eine Initiation in ein neues Lebensgefühl. In den kommenden Wochen wirst du immer flexibler werden in der Auswahl, Dauer und Intensität deiner Übungen.

Woran konntest du erkennen, dass du in Stress geraten bist oder gerade im Jagen-/Begierdemodus warst? Gab es konkrete Körpersymptome wie Anspannung in deinen Muskeln, Verspannungen oder emotionale Reaktionen wie Wut, Angst, Habenwollen, Versagensangst? Wie hast du dann mit dir geredet? Waren es freundliche oder eher niedermachende oder selbstkritische Worte? Bist du vielleicht schon im Alltag, als du merktest, dass es dir grad nicht gutgeht oder du aufgebracht warst, fürsorglich zu dir gewesen, hast dir vielleicht intuitiv die Hand auf dein Herz oder deinen Bauch gelegt, dir einen Tee gekocht, dich in dein Zimmer zurückgezogen und bewusst erst mal nur geatmet und vielleicht den Body-Scan oder Yoga geübt? Wenn ja – großartig –, du hast schon begonnen, die Übungen umzusetzen. Wenn nicht, dann ist das jetzt dein Kapitel, denn genau darum wird es gehen. Möglicherweise hast du auch erleben müssen, wie gerne du dich eigentlich hättest versorgen wollen, doch du hast es einfach nicht geschafft, oder du hast mit Erschrecken festgestellt, dass du in der Situation erst recht destruktiv, ja bestrafend mit dir umgehst. Genau darum wird es auch in diesem Kapitel gehen. Wir werden den Knoten hier vielleicht nicht sofort lösen können, aber etwas Licht ins Dunkel dieser Mechanismen und ihrer Ursachen bringen. Manchmal hilft es, sich selbst besser zu verstehen, um dann aus Mustern aussteigen zu können.

Solltest du gerade die Augen rollen, weil du schon alles über deine Muster und wer an ihnen schuld ist, weißt, zig Therapien hinter dir hast, die »alle nichts genutzt haben«, möchte ich etwas sehr Konkretes dazu sagen:

Du kannst etwas verändern

Was auch immer in unserem Leben geschehen ist, wer oder was auch immer dazu beigetragen hat, diese Wunde in uns zu schlagen, wir sind es, die die Entscheidung treffen, wie wir jetzt damit weitermachen. Es kann nichts ungeschehen gemacht werden. Auch die Zeit heilt nicht immer alle Wunden. Doch wir können uns entscheiden, wie wir damit im

Hier und Jetzt umgehen. Bleiben wir Opfer oder nehmen wir unser Leben in die Hand? Verharren wir in Groll und Schuldzuweisung, warten wir auf die Erlösung durch jemanden (der vielleicht schon längst nicht mehr lebt), oder werden wir aktive Gestalter unseres Lebens? Es ist unsere Entscheidung. Wir können unser ganzes Leben mit Warten zubringen. Oder wir erlösen uns selbst und fangen etwas Neues an. Das wird jedoch erst passieren, wenn wir aufhören, anderen die Kompetenz zuzuschreiben, dass sie uns »heilen« können. Erst wenn wir aufhören, auf den Retter im Außen zu warten und unseren Umgang mit der Wunde und unser (Er-)Leben, wie es jetzt ist, in die eigenen Hände nehmen, wird sich wirklich etwas verändern. Der Retter oder die Retterin sind wir selbst. Auch wenn du dir selbst dabei zuschaust, wie destruktiv du aus Gewohnheit handelst und scheinbar nichts daran verändern kannst, es wird der Moment kommen, an dem du überhaupt gar keine Lust mehr hast, Opfer deiner alten Verletzungen und ihrer dazugehörigen Schutzmuster zu sein. Und dann wirst du eine Entscheidung treffen, dir das nicht weiter anzutun. Erst wenn du dich bewusst und kraftvoll dagegen entscheidest, Verhaltensweisen fortzuführen, die andere Menschen dir gegenüber an den Tag gelegt haben oder längst vergangene Umstände von dir erforderten, entziehst du ihnen ihre Macht. Heute ist eine andere Zeit. Du bist erwachsen, *du* entscheidest, was du tust und wie du dein Leben gestaltest. Und du kannst dich für Achtsamkeit, Freundlichkeit und Fürsorge entscheiden. Du kannst dein Leben gestalten. Therapeuten und Ärzte können uns helfen, die Wunden zu versorgen, und Methoden anwenden, die der Psyche helfen, Vergangenes zu verarbeiten, und uns mit Anregungen und Hinweisen versehen, wie wir trotz Narben wieder in unsere Ganzheit zurückfinden können. Doch wieder heil zu werden und zu leben (statt zu warten) liegt bei uns. Alle Bücher, alle Lehrer, Coaches, Therapeuten, Ärzte oder Freunde können uns lediglich dabei begleiten. Die Umsetzung liegt bei uns.

Doch wie kommt es zu unseren destruktiven Mustern?

Ich behaupte, kein Mensch kommt destruktiv auf die Welt, denn das wäre wider die Natur. Es kann aber sehr früh, teilweise schon im Mutterleib, passieren, dass wir traumatisiert werden und unser Vertrauen in Sicherheit, Liebe und Selbstliebe Schaden nimmt. Das Gefühl, nicht gewollt zu sein, sich andauernd die Liebe, Sicherheit oder auch nur die Duldung erarbeiten zu müssen, sind unbewusste Entwicklungsprozesse aufgrund meist länger andauernder Verletzungen unseres bedingungslosen Geliebt- und Angenommenseins, häufig schon in sehr früher Kindheit. Das muss noch nicht einmal grob und offensichtlich sein. Es reicht schon, dass ein Elternteil überfordert oder krank war, finanzielle Sorgen das Leben schwermachten oder als Kind selbst wenig liebevolle Wärme erlebt hat, sehr leistungsbezogen war und gar den Wunsch hegte, das Kind möge es mal besser haben. Die Gründe sind vielfältig und nicht immer offensichtlich. Wir dürfen nicht vergessen, dass wir auch in der heutigen Zeit immer noch mit den Nachwehen der Kriegstraumatisierungen des letzten Weltkrieges zu tun haben, die von unseren Großeltern an unsere Eltern, dann an uns und an unsere Kinder weitergegeben wurden und werden – ohne es zu wissen oder zu wollen.

Transgenerationales Trauma

Ist dir schon einmal aufgefallen, dass sich viele Menschen unverhältnismäßig unsicher fühlen, Angst haben, dass etwas Schlimmes passiert, und sich übermäßig abzusichern versuchen, obwohl wir in einem relativ sicheren Land mit einer vergleichsweise sehr guten Wirtschaftslage leben? Sehr viele Menschen haben hier Schwierigkeiten, nicht nur einen Partner zu finden, sondern auch sich zu binden, Gefühle zuzulassen und auszudrücken. Auch der Anteil der psychischen Erkrankungen steigt jährlich dramatisch an. Ausgelöst nicht nur durch eine messbar zu hohe Arbeitslast, sondern auch aufgrund extrem hoher persönlicher Arbeitsmoral und starken Verantwortungs- und Pflichtbewusstseins, die die Betroffenen teilweise bis in den Burnout treiben. All dies sind unter anderem auch die Nachwehen der Nachkriegsgeneration. Warum? Der Wunsch nach Sicherheit ist zwar schon allein evolutionsbiologisch bei uns Menschen groß, durch zurückliegende Traumatisierung wird er jedoch noch gesteigert und genährt durch von Generation zu Generation weitergegebene Erfahrungen von Bedrohung, Todesangst, Missbrauch, Verrat, Verarmung und Verlust. Wenigen ist dies bewusst, da es unterschwellig weitergegebene Traumen sind. So kann es zu unbestimmter und für einen selbst unerklärlicher Verlustangst kommen, ohne dass in der eigenen Biographie ein konkret traumatisierendes Verlusterlebnis stattgefunden hätte. Traumen werden in bis zu sieben Generationen weitergegeben, selbst wenn über das Geschehene nicht gesprochen wird. Es wird durch Stimmung und Verhalten unbewusst weitergegeben. Jede folgende Generation ist auf diese Weise latent davon geprägt. Über den letzten Weltkrieg wurde in den meisten Familien nicht gesprochen, dennoch war eine latente Bedrohung spürbar. Die Eltern unserer Eltern hatten Bombenangriffe, Vergewaltigungen, Kriegseinsatz, Gefangenschaft, Demütigung und Flucht hinter sich. Viele haben alles verloren, nicht nur Hab und Gut, sondern auch Freunde und Angehörige, ihren Partner/ihre Partnerin, ihre Kinder oder sogar ihre ganze Familie. Wer nicht einverstanden war mit der damaligen Politik, lebte noch zusätzlich in permanenter Bedrohung. Härte sich selbst und anderen gegenüber, Abstumpfung oder Verrohung waren bewusste oder unbewusste Kompensationsstrategien, um zu überleben und nach dem Krieg weitermachen zu können. Ehepartner litten unter der Hilf- und Sprachlosigkeit. Sie konnten selten aussprechen, was sie erlebt hatten. Es ging schlicht um das nackte Überleben und das Weiterleben danach. Mit diesen Erfahrungen offen, herzlich und liebevoll Kinder aufzuziehen und ihnen auch noch das Gefühl von Sicherheit, Geborgenheit und Kostbarkeit zu vermitteln, war keine leichte und selbstverständliche Aufgabe. In vielen Familien fehlte der Vater. Er war gefallen oder anderweitig ums Leben gekommen. Vätern, die ohne Vater aufgewachsen waren, fehlte eine wichtige Erfahrung für ihre vollständige Entwicklung. Sie taten zwar ihr Bestes, ihrer Rolle gerecht zu werden, dennoch fehlte es an einem Vater-Modell, an dem sie sich hätten messen und orientieren können (positiv wie negativ). Eine Lücke, die auch die beste Mutter nicht auffüllen konnte. Niemand in der Zeit kümmerte sich um die Aufarbeitung der Erlebnisse, die Heilung der Seelenwunden. Der versehrte Körper wurde geflickt, und man stürzte sich in die Arbeit. Deutschland wurde wieder aufgebaut, die Wirtschaft erlebte einen bis dahin nie da gewesenen Aufschwung, und über das Zurückliegende wurde weitestgehend geschwiegen. Doch in der Erziehung und im Zusammenleben schwelte das Erlebte weiter.

Der Schutzmechanismus

Wer eine Verletzung (Trauma) erlebt hat, bildet ganz natürliche Schutzmechanismen aus. Wenn du dir beispielsweise mal einen Bänderriss durch Umknicken an der Bordsteinkante zugezogen hast, wirst du immer etwas vorsichtiger als andere mit Bordsteinkanten umgehen. Wenn die Seele verletzt wurde, dann neigen wir dazu, ähnliche Situationen zu vermeiden und vorsichtiger zu sein. Wir eignen uns meist vollkommen unbewusst Verhaltensweisen an, die uns vor erneutem Schaden schützen sollen. So hast du vielleicht schon einmal erlebt, dass du übermäßig aggressiv in einer Situation gewesen bist, die dich an eine zurückliegende Situation erinnert hat. Eigentlich wolltest du nur vermeiden, wieder verbal so über den Haufen gerannt zu werden, und hast dich dabei selbst im Ton vergriffen. Jemand anderer steigt nach einer kritischen Situation nicht mehr in ein Flugzeug oder vermeidet jede Situation in einem geschlossenen Raum, den er gegebenenfalls nicht verlassen könnte. Je einschneidender und lebensbedrohlicher die Situation war, die wir erlebt haben, und je hilfloser wir ihr ausgeliefert waren, desto größer ist die seelische Verletzung, die wir davontragen. Je früher in unserer Biographie diese seelische Verletzung stattfand und je häufiger sie wiederholt wurde, desto tiefer ist die Wunde. Nicht immer haben wir einen bewussten Zugang oder eine konkrete Erinnerung dazu. Manches ist subtil in unserem Leben geschehen, dafür aber permanent. Es macht einen großen Unterschied, ob wir einmal nicht unseren Willen als Kind erfüllt bekommen haben (auch wenn es uns frustriert hat), wir uns aber prinzipiell sicher und geborgen fühlen, oder ob wir von Anfang an in unserer Familie das Gefühl haben, zwar geduldet, aber emotional vernachlässigt, permanent abgewiesen oder ignoriert zu werden, was auch immer wir tun. Es müssen also nicht immer einschneidende und klar benennbare lebensbedrohliche Situationen passiert sein. Auch eine kontinuierliche latente Bedrohung und Vernachlässigung führt zur Traumatisierung. Man spricht hier von *Mikro-Trauma*. Das Wort »Trauma« bedeutet übersetzt schlicht »Verletzung«. Abweisung und emotionale Kühle als Erwachsener zu erfahren ist schon unangenehm, doch für eine junge Kinderseele, die auf emotionale Sicherheit und zuverlässige Bindung angewiesen ist, sehr viel schlimmer. Ein Kind verfügt eben nicht über genügend Abstraktions- und Distanzierungsvermögen sowie innere Stärke eines gut entwickelten Erwachsenen, somit sind solche Mikro-Traumen tief verletzend und greifen stark in den Entwicklungsprozess ein – sogar bis hin zu Entwicklungsstörungen im Gehirn. Wichtige Bereiche, die in früher Kindheit durch ein liebevolles und sicheres Umfeld geprägt und entwickelt werden können, finden keinen Entfaltungsraum, und die dort natürlich angelegten Fähigkeiten werden nicht gefördert oder sogar blockiert, so dass sich die entsprechenden Verknüpfungen nicht ausreichend ausbilden können. Dies führt im Erwachsenenalter häufig zu Problemen im Sozialkontakt (u. a. zu Bindungsstörungen) und abgeflachtem oder übersteigertem emotionalem Erleben sowie zu Schwierigkeiten, sich selbst wahrzunehmen und zu regulieren. Je nach Vorgeschichte und Ausprägung ist es schwer, hier einen Nachreifungsprozess stattfinden zu lassen. Dennoch: Jedes kleine bisschen, das nachgelernt, entwickelt und entfaltet werden kann, wird eine Entlastung und Bereicherung sein.

Posttraumatische Belastungsstörung

Viele, besonders einmalige Erlebnisse heilen im Laufe der Zeit von selbst. Die Erinnerungen verblassen, die damit verbundenen Emotionen schwächen sich ab. Irgendwann ist es nur noch ein unschönes Erlebnis auf dem Lebenszeitstrahl, doch es belastet uns nicht mehr. Manchmal jedoch bleiben traumatische Erlebnisse unverarbeitet und führen zu einem chronischen Stressmodus und schwerwiegenden Störungen des Befindens. Dazu gehören psychosomatische Beschwerden wie etwa Hautprobleme, Schmerzen, Magen-Darm- und Herz-Kreislauf-Störungen sowie psychische Störungen wie zum Beispiel chronische Unruhe, Wahrnehmungsstörungen, Angst/Panik, Depressionen und Schlaf-/Sexual-/Essstörungen. Auch Partnerschaftskonflikte und Bindungsstörungen zeigen sich unter Umständen, sowie unkontrollierbares Wiedererleben der traumatisierenden Situation durch real wirkende Erinnerungen (Flashback), stark erhöhte Reizbarkeit bis hin zu hoch aggressivem Verhalten oder übermäßiger Schreckhaftigkeit. Als Folge kommt es auch zu Missbrauch von Kompensationsmitteln wie Essen, Arbeit, Sport (auch Risikosport), Sex, Medikamenten, Alkohol und Drogen. In der Fachsprache wird dieser Störungskomplex als *posttraumatische Belastungsstörung* bezeichnet. Insbesondere beim Mikro-Trauma gibt es im Zusammenhang mit emotionaler Vernachlässigung und Missbrauch eine weitere Auswirkung, nämlich ein gestörtes Verhältnis zu uns selbst. Das drückt sich vor allem in unserem Selbstwertverhältnis aus, in der Verbindung, die wir zu unserer Körperlichkeit und zu unserer emotionalen und körperlichen Empfindungs- und Regulationsfähigkeit haben. Damit einher gehen schließlich Schwierigkeiten, mit uns freundlich und mitfühlend umzugehen und für uns oder auch andere zu sorgen. Es entsteht eine Entfremdung uns selbst gegenüber. Wir fühlen uns abgeschnitten von uns und von unserer Umgebung. Erinnerst du dich noch an die geistigen Verweilzustände? Das ist der Zustand der Ignoranz – die Abtrennung, bei der wir uns selbst nicht mehr gut wahrnehmen können. Manche flüchten sich regelrecht in eine Phantasiewelt. Dies ist jedoch kein bewusst eingeleiteter Zustand, in dem wir lapidar sagen »Lasst mich alle in Ruhe, ich bin dann mal weg!«. Er stellt sich vielmehr meist unbewusst ein. Es ist eine Überlastungsreaktion unserer Psyche. Manche berichten, dass es sich anfühlt, wie in Nebel oder Watte zu sein, oder als hätte sich eine Milchglasscheibe zwischen sie und die Welt geschoben, durch die alles nur noch schemenhaft durchscheint. Andere erleben sich wie abgeschnitten von ihren Gefühlen. Sie wissen, dass sie jetzt eigentlich Liebe, Ärger, Trauer oder Angst spüren müssten, fühlen aber gar nichts oder nur sehr wenig, als wären sie innerlich taub oder wie abgeschirmt.

Warum erzähle ich dir das alles? Wahrscheinlich hast du bereits an einigen Stellen schon aufgemerkt, da du etwas Ähnliches kennst oder jetzt in Erinnerung an vergangenes Verhalten deiner Eltern oder Großeltern erkennen kannst. Doch was hat das Ganze mit unserem Selbstmitgefühl zu tun? Sehr viel: Denn wenn unsere Eltern von übernommenen Schutzmechanismen und latenten bis offensichtlichen Empfindungen und Erfahrungen von Unsicherheit und Bedrohung geprägt waren, sind wir davon ebenfalls betroffen. Und so kommt es, dass wir als die Kinder der Kriegskinder oder deren Enkel in uns mehr oder weniger destruktive Verhaltensweisen tragen, die es uns schwermachen, mit uns und anderen so liebevoll und fürsorglich umzugehen, wie es eigentlich in unserer menschlichen Grundnatur angelegt ist.

Transgenerationale destruktive Glaubenssätze und Annahmen

Ein besonderes Phänomen in diesem Zusammenhang sind die destruktiven Glaubenssätze und Aussprüche, mit denen wir es zu tun haben. Sie beeinflussen unsere Wahrnehmung und unser Verhalten. Wahrscheinlich kennst du deine Sätze, die du dir sagst, wenn es dir nicht gutgeht und du dich vielleicht noch zusätzlich niedermachst. Nicht selten schwingt dann eine Tonlage oder Stimmfärbung mit, die du von jemandem kennst, der dir sehr nahe steht oder stand. Das kann ein Elternteil oder ein Verwandter bzw. Erziehungsberechtigter gewesen sein, der dich immer auf diese Art und Weise angesprochen hat, wenn du nicht so funktioniert hast, wie diese Person es sich wünschte. Würdest du nachforschen, würdest du wahrscheinlich entdecken, dass diese Sätze schon sehr lange in der Familie kursieren und deine Eltern sie bereits von ihren Eltern übernommen haben. Wenn destruktiv, missbräuchlich, gewalttätig, lieblos, überdisziplinierend, kritisch, abwertend und überfordernd mit uns umgegangen wurde, hinterlässt dies tiefe Spuren in uns und prägt unsere Wahrnehmung und unser Verhalten von heute. Wir verinnerlichen das Verhalten, das an uns herangetragen wurde, ahmen es unbewusst nach und setzen damit den Überforderungs-, Misshandlungs- oder Vernachlässigungsprozess bei uns selbst fort. Unbewusst gehen wir mit uns und mit der Welt so um, wie wir es selbst erlebt haben. Es erscheint uns, als würde dieses Verhalten zu uns gehören wie unsere eigene Nase. Kommen wir hingegen aus einem liebevollen, warmherzigen und reflektierten Elternhaus oder hatten wir andere wichtige Bezugspersonen, die mit uns wertschätzend, fürsorglich und liebevoll umgegangen sind, dann ist es für uns nur natürlich, dass wir uns

wertvoll fühlen, und es ist ganz normal, so zu leben. Mir ist klar, dass es unglaublich viele Abstufungen und Mischungen in jedem unserer individuellen Leben gibt. Ich möchte hier nur verdeutlichen, wie es grob funktioniert.
Ist uns unser destruktives Verhalten bewusst, können wir aussteigen. Manche Menschen sind bewusster als andere und erkennen früher diese Mechanismen. Sie haben vielleicht auch das Glück, dass sie einem »Mentor« begegnen, der ihnen hilft, sich aus den Verwirrungen der unbewussten, manipulativen Familiendynamik heilsam zu befreien, und ihre liebevollen Anteile stärkt. Das ist großes Glück! Ich kenne einige Menschen, die für sich bewusst entschieden haben, dass sie so, wie sie behandelt worden sind, weder sich selbst noch andere behandeln wollen. Doch auch hier gab es nicht einfach einen Schalter, den sie umgelegt haben, sondern sie begaben sich auf einen langen Findungs- und Entwicklungsprozess, der teilweise noch bis heute andauert. Erst wenn uns klargeworden ist, dass wir mit uns selbst so destruktiv umgehen, wie jemand anderer mit uns umgegangen ist, können wir aussteigen. Im positiven Sinne können wir auch liebevolles Verhalten und vertrauensvolle Zuwendung, die uns zuteilwurden, verinnerlichen, und es fällt uns dann leichter, sie ganz natürlich uns selbst zu geben und auch an andere weiterzugeben.

Chronischer Stress und die Folgen für die Persönlichkeit

Wenn du dich als Kind immer unsicher und in deiner Person und Daseinsberechtigung bedroht gefühlt hast, wirst du über lange Zeit deines Lebens bereits chronischen Stress erlebt haben, einhergehend mit emotionaler Belastung von

Angst, Ohnmacht und/oder Wut. Dein natürlicher Anpassungsmodus hat dir geholfen, diese Zeit durchzustehen. Du hast möglicherweise gelernt, unauffällig und perfekt zu sein, freundlich und liebenswürdig, kompromissbereit und flexibel, gabst keine Widerworte mehr, hast gemacht, was auch immer von dir verlangt wurde, hast fleißig gelernt und bist ehrgeizig, selbstkritisch und diszipliniert geworden. Du wurdest zur perfekten Tochter oder zum perfekten Sohn. Vielleicht bekommst du dafür die volle Anerkennung deiner Eltern, vielleicht geben sie dir aber auch immer noch das Gefühl, ein Versager zu sein, egal, was du tust. Wahrscheinlich bist du in deinem Beruf sehr erfolgreich, bekleidest eine gute Stelle und hast alles, was »man« zu einem angesehenen, sicheren und erfolgreichen Leben braucht. Wenn nur nicht diese dauernde Angst vor Verlust und diese bleischwere Müdigkeit vor lauter Erschöpfung wären, die du versuchst, mit noch mehr Disziplin und Härte gegen dich in den Griff zu bekommen. Eventuell bist du aber auch ein Rebell geworden, hast mit der Familie gebrochen, bist früh ausgezogen und hast dir selbst den Schwur gegeben, dich niemals mehr unterbuttern oder kontrollieren zu lassen. Beziehungen sind schwierig und nicht von Dauer. Du bist freundlich, aber unverbindlich – schnell weg, wenn es zu nah oder schwierig wird. Die Welt ist nicht groß genug für dich. Es gibt zu viele Menschen, mit denen du dich (vermeintlich) beschäftigen und denen du gerecht werden musst. Dabei willst du endlich deine Ruhe haben, endlich unabhängig, unbewertet und damit sicher sein. Doch Ruhe, Stillstand und Nichtstun sind kaum auszuhalten. Der innere Kritiker und Perfektionist treibt dich an. Obwohl du es brauchst, ungebunden durch die Gegend zu ziehen, ist gleichzeitig das Gefühl der unerfüllten Liebe schmerzlich. Es schleicht sich mit zunehmendem Alter ein Gefühl der

Heimatlosigkeit und Verlorenheit ein, doch die (unbewusste) Angst sich einzulassen und damit wieder bewertbar zu sein, überwiegt.

Die Gespenster der Vergangenheit haben uns im Griff. Wie weit wir auch reisen, sie reisen mit. Sie ziehen als destruktive Sätze und Verhaltensmuster durch unseren Geist und unser Leben und sabotieren unsere Selbstfürsorge.

Selbstmitgefühl ist eine Entscheidung

Es mag schmerzhaft sein, das für sich selbst zu erkennen. Doch es kann sehr heilsam für alle weiteren Schritte sein. Vielleicht ist dir aufgefallen, dass ich auf den vorangegangenen Seiten bewusst nicht so häufig von Liebe gesprochen habe und auch den Ton in diesem Buch eher erklärend sachlich halte. Das hat einen Grund: Wenn wir uns selbst nicht lieben, und jemand sagt, du sollst dich lieben lernen, könnte das fast anmaßend sein. Je weniger du bisher bedingungslose Liebe erlebt hast, desto kryptischer wird dir dieses Gefühl sein und wahrscheinlich auch angstbesetzt. Von daher möchte ich hier erst einmal nur über eine Annäherung an dich selbst, eine fast technisch anmutende Übung in Selbstfürsorge und Mitgefühl sprechen. Meiner Erfahrung nach kommt der Rest dann von ganz alleine. Wichtig ist, dass du erkennst, in welchen Prozessen du gefangen bist, und die Entscheidung fällst, den destruktiven, selbstschädigenden Weg zu verlassen. Es reicht, wenn dies zunächst nur technisch geschieht und du es vielleicht gar nicht fühlst. Es kann ruhig eine Kopfentscheidung sein. Auf ähnliche Weise, wie du entscheidest, ein bestimmtes Lebensmittel aus deinem Speiseplan zu streichen, weil du jetzt wirklich ausreichend

Erfahrungen damit gesammelt hast, dass es dir dauernd Bauchschmerzen und Durchfall beschert. Es kann sein, dass du dieses Lebensmittel magst und auch gewohnt bist, aber viel lieber hast du einen störungsfrei funktionierenden Bauch. Du setzt die Priorität. Du entscheidest. Auch wenn es bedeutet, eine Alternative für das Lebensmittel zu finden, an die du dich auch erst mal gewöhnen musst. Am leichtesten geht das, wenn es dir wirklich reicht, wenn du überhaupt keine Lust mehr hast, dir selbst weiter auf diese Weise weh zu tun.

Das war jetzt ziemlich viel Stoff und teilweise auch nicht leicht zu verarbeiten. Wie geht es dir, nachdem du all dies gelesen hast? Es kann sein, dass dich das eine oder andere berührt oder auch traurig, ja sogar wütend gemacht hat. Gönn dir eine Pause. Vielleicht magst du kurz mal einen kleinen Spaziergang machen, dir einen Tee kochen oder mit deiner Katze spielen. Schau, was du gerade brauchst, und sorge für dich. Im Folgenden werden wir uns nun wieder mehr der Praxis widmen. Wenn du dich also ein wenig erfrischt hast, lies einfach weiter.

Heilsame Wünsche für dich selbst formulieren

Manchmal haben wir keinen Plan, wie wir jetzt ein heilsames, mitfühlendes Verhalten an den Tag legen sollen. Und genau dafür gibt es einen kleinen Trick: *Wünsche*. Nein, keine Wünsche an den Weihnachtsmann oder an das Universum! Diese Wünsche sind geschickte psychologische Mittel, um unseren Geist, unsere Aufmerksamkeit auf ein bestimmtes Ziel, eine Wahrnehmung oder ein Verhalten auszurichten, auch wenn es noch nicht in unserem Leben ist. Du hast mit diesen Wünschen schon etwas experimentiert, im Body-Scan und im Yoga auch. Vielleicht waren sie bisher nur dahingesagt, oder du hast die Anregung zur Formulierung der Wünsche einfach ignoriert, weil es sich so weich oder heilig anhörte oder du einfach keine Idee hattest, wozu das gut sein soll. Kein Problem. Du kennst diese Reaktion von dir, zu fluchen oder dir mantraartig vorzusagen, was gerade alles schiefläuft. Diese inneren Tiraden sind häufig gepaart mit demotivierenden Äußerungen wie: »Das war ja wieder klar, immer muss genau jetzt dieses blöde Knie weh tun!« – oder so etwas Ähnliches. Das alles gaukelt dir Kontrolle vor, hält jedoch deine Aufmerksamkeit im destruktiven Modus gefangen, denn du reibst dir gerade dauernd unter die Nase, was deiner Meinung nach fehlerhaft ist. Solange deine Aufmerksamkeit auf all dem ruht, was deiner Meinung und Wahrnehmung nach bei dir nicht funktioniert, beschädigt ist, katastrophal ist, wirst du dich zunehmend gestresst und »nicht richtig« fühlen. Dabei haben wir diese tiefe Sehnsucht, so sein zu dürfen, wie wir gerade sind. Indem wir uns freundlich sagen: »Du darfst so sein«, oder unser schmerzendes Knie freundlich ansprechen: »Mögest du wieder zu deiner Kraft finden«, beginnen wir uns langsam zu entspannen. Heilsam und konstruktiv formulierte Wünsche ziehen unsere Aufmerksamkeit von all dem ab, was gerade nicht so läuft, wie wir uns das vorgestellt haben, und richtet sie stattdessen auf uns unterstützende Aspekte wie Heilung, Nährung, auf konstruktive Möglichkeiten und Akzeptanz sowie auf Selbstannahme aus. Und das befriedet sofort unser Stresssystem. Unsere Energie und die Prozesse in unserem Organismus folgen immer unserer Aufmerksamkeit und passen sich den jeweiligen Anforderungen an. Unsere Reaktionsweisen und

Handlungsimpulse folgen immer dem, worauf wir unsere Aufmerksamkeit ausrichten. Dennoch wird sich gerade am Anfang immer wieder die Kontrollinstanz in dir melden und diese Wünsche sabotieren, sie wird dir weismachen, dass es richtiger ist, dich zu kritisieren oder unter Druck zu setzen. Wichtig ist, dass du es bemerkst und dich immer wieder davon löst, so wird dieser Mechanismus mit der Zeit weniger werden.

Erinnerst du dich noch an die tibetische Bezeichnung »Gom«, die bedeutet, sich mit etwas vertraut zu machen? Nun, genau das geschieht hier in diesem Prozess. Du hörst die freundlichen Sätze und Wünsche. Du probierst sie aus und erlebst einen zarten Funken von Erlösung, da sie das ansprechen, wonach sich alles in dir sehnt. Prompt taucht das alte destruktive Schutzmuster auf und reagiert total gestresst, weil es dich in Unsicherheit wähnt, da du nicht mit dem üblichen Sicherheits-Kritik-Disziplin-Kontroll-Modus arbeitest. Du erkennst, wie diese Prozesse sich abwechseln, beobachtest es und übst dich darin, die Unruhe, die Angst oder auch Panik, die sich möglicherweise im Body-Scan oder im Yoga mit dieser freundlichen, liebevollen, akzeptierenden Stimme zeigt, da sein zu lassen, ohne dich jedoch reinzusteigern. Du beobachtest lediglich, was passiert. Mit der Zeit machst du dich vertraut damit, dass dir nichts passiert. Ja sogar, dass sich Wohlgefühl und Gelöstsein (bis hin zum friedlichen Einschlafen) in dir als Reaktion zeigen. Je häufiger du diese Erfahrung zulässt (und das geht wirklich nur, wenn du den alten Mustern aufhörst zu folgen und diese unangenehmen Unsicherheitsgefühle kommen und gehen lässt), desto mehr gewinnst du dein Vertrauen zurück. Dein Vertrauen in deinen Körper, der nicht einfach nur so rumspinnt oder dir dein Leben schwermachen will, wenn er schmerzt. Vertrauen in deine Fähigkeiten, freundlich mit dir umzugehen: Es folgt daraus nichts Schlimmes. Es ist so, als würden wir ein verschrecktes Tier ganz ruhig, geduldig und freundlich anfangen zu zähmen. Nicht indem wir es unterwerfen, sondern indem wir uns ihm still und unaufgeregt zuwenden – einfach bei ihm sitzen bleiben. Dadurch zeigen wir, dass wir keine Bedrohung sind, und ermöglichen mit der Zeit die Erfahrung, dass Nähe und Berührung angenehm sein können und dass die Situation nun sicher ist.

Wenn du Wünsche für dich formulierst, achte darauf, dass sie konstruktiv und positiv sind. Also »was soll sein?« statt »was soll nicht sein?«. Jede Formulierung, positiv wie negativ, konstruktiv oder destruktiv, erzeugt in uns ein Bild, und auf dieses Bild reagiert unser limbisches System im Gehirn, welches Reize – und dazu gehören auch innere Bilder – auf potenzielle Bedrohungen hin überprüft und uns in Bruchteilen von Sekunden in einen Alarmzustand versetzen kann. Es reagiert einerseits auf die Stimmlage und andererseits eben auf das Bild, die Vorstellung in unserem Kopf. Handelt es sich um ein bedrohliches Bild (beispielsweise dass ein Schmerz nie aufhören wird und wir in unserer Beweglichkeit dauerhaft eingeschränkt bleiben), stimuliert das limbische System die Ausschüttung von Stresshormonen. Es folgen Gefühle der Angst, und die Muskeln verspannen sich. Handelt es sich um ein positives, konstruktives Bild, bei dem wir uns vorstellen, wie die schmerzende Stelle weich und mit Gelenkflüssigkeit versorgt wird, und wie wir wieder geschmeidig laufen, dann wird die Stresshormonausschüttung gestoppt. Da nun das Bedrohungsbild weg ist (es braucht ungefähr eine halbe Stunde, bis sich die Stresshormone merkbar abgebaut haben), entspannen sich Gemüt und Körper. Was das mit Mitgefühl zu tun hat?

Ganz einfach: Es ist ein mitfühlender Akt dir selbst gegenüber, destruktive, selbstquälerische Gedankenprozesse zu stoppen. Damit stoppst du dein Leid! Gibst du dich den quälenden Gedanken weiter hin, lässt du zu, dass du dich selbst damit quälst.

Manchmal quält man sich auch damit, kein Mitgefühl für sich selbst aufbringen zu können. Auch hier: Raus aus der Selbstkritik! Formuliere den Wunsch: »*Möge ich einen Zugang zu selbstmitfühlendem Verhalten bekommen.*« Du bist jetzt nicht plötzlich magisch mitfühlend mit dir selbst, aber die Möglichkeit taucht jetzt in deiner Aufmerksamkeit auf. Und darauf ruht jetzt dein Blick. Und damit erzeugst du für dich selbst eine Ausrichtung deiner Energie und deiner Gedankenmuster:

»*Möge ich Wege finden, mit mir freundlicher umzugehen.*«
»*Möge ich friedlich und konstruktiv mit mir sprechen.*«
»*Möge ich großzügig mir gegenüber sein.*«
»*Möge ich entspannter mit mir umgehen.*«
»*Möge ich mich mit mir freuen können.*«
»*Möge ich achtsam und fürsorglich mit mir umgehen.*«

… und viele Kraftsätze dieser Art mehr.
Wie du siehst, sprechen diese Formulierungen lauter mitfühlende Qualitäten an, und du brauchst auch keine Lösung parat zu haben, wie das Ganze umzusetzen ist. Es reicht, es für dich in deiner Aufmerksamkeit zu halten. Je häufiger du diese Sätze für dich formulierst, desto mehr werden sie zu deinen inneren Sprach- und Umgangsmustern mit dir selbst werden. Und damit werden sie mit der Zeit jede destruktive und stresserzeugende Stimme in dir zur Ruhe und dich ganz automatisch zu selbstmitfühlendem Verhalten bringen.

Heilsame Wünsche und Selbstberührung

Neben den Wünschen können wir auch die beruhigende Wirkung der Selbstberührung nutzen. Beides in Kombination ist eine wirksame und dabei einfache, unauffällige und überall durchführbare Möglichkeit, dir selbst Fürsorglichkeit zu schenken und dich aus destruktiven Prozessen herauszuholen. Du brauchst dich lediglich daran zu erinnern und dir dann einfach eine Hand auf eine für dich angenehme und gut zugängliche Stelle zu legen. Besonders empfängliche Stellen dafür sind die Schultern, das Brustbein, der Herzraum (nicht dein Herz, sondern die Stelle in der Mitte deiner Brust) sowie der Solarplexus-Bereich und der Unterbauch. Möglicherweise hast du dich selbst schon mal dabei ertappt, dass du dir ganz automatisch in einem Schreckmoment die Hand auf dein Herz oder quer über dein Brustbein gelegt hast. Durch diese Berührung beruhigst du dein erregtes limbisches System, das daraufhin die Ausschüttung der Stresshormone reduziert und aufgrund der meist als angenehm empfundenen Berührung das beruhigend wirkende Bindungshormon Oxytocin ausschüttet. Wir können diesen Mechanismus in jeder Situation bewusst und aktiv nutzen, in der es uns gerade nicht gutgeht, in der wir unsicher und gestresst sind oder grad wieder mal sehr destruktiv mit uns unterwegs sind.

Kurzanleitung: Stopp, Hand auf's Herz, innehalten, atmen und dann einen heilsamen Wunsch formulieren, der die Situation für dich entschärft. Bleib so mit dir für einen Moment, und dann mach weiter mit deinem Tag. Wahrscheinlich bist du anschließend etwas ruhiger und zentrierter.

Warum es wichtig ist, Stressprozesse zu unterbrechen

Destruktive, selbstausbeuterische Muster haben immer dann die größte Macht über uns, wenn wir gestresst sind. Je gestresster wir sind, desto größer ist ihr Einfluss. Warum? Einfach weil es für unseren Organismus ums Überleben geht. Und die destruktiven Muster sind unsere angelernten Verhaltensweisen, mit denen wir seit der Kindheit gelernt haben, für unsere Sicherheit zu sorgen. Sie kommen einem Trojanischen Pferd gleich. Es wirkt von außen sicher, doch in Wahrheit ist sein Inneres alles andere als das. Statt dass die Muster uns schützen, verschlimmern sie heute alles nur noch. Sie heizen unserem Stress noch mal richtig ein, was dazu führt, dass wir noch stärker auf altbekannte (heute destruktive) Sicherungsmaßnahmen zurückgreifen und ein Teufelskreis in Gang kommt. Das erklärt jetzt vielleicht auch, warum du gerade dann, wenn du Freundlichkeit und Fürsorge für dich am dringendsten bräuchtest, dir die Hölle heißmachst, dir weh tust, extrem riskant Auto fährst, dir Pausen versagst, dich betrinkst oder überisst. Es ist dringend notwendig, so früh wie möglich diesen Prozess zu stoppen. Und dies ist am leichtesten, wenn der Stress noch nicht überhandgenommen hat.

In unserem bewegten Alltag mit seinen schnellen und vielfältigen Anforderungen ist das zu Beginn des Weges etwas schwierig. Darum ist es gerade am Anfang sehr hilfreich, sich dazu in den geschützten Rahmen deines Meditationsplatzes zurückzuziehen und dies im sicheren Rahmen einer Mitgefühlsmeditation zu üben, die ich dir im Folgenden gerne vorstellen möchte. Diese Meditationsform ist schon sehr alt und zielt darauf ab, sich an mitfühlendes Denken,

Handeln und Sein zu gewöhnen. Sie entstammt, genauso wie die Atemmeditation, aus den Übungen, die Buddha seinen Schülern vermittelte, um sich aus ihrem jeweiligen Leidprozess zu befreien. Der traditionelle Name ist *Metta-Meditation* – die Meditation der liebenden Güte. Metta ist ein *Pali*-Wort, dies war die Sprache zu Zeiten Buddhas. Diese Bezeichnung wird dir gerade in buddhistischer Literatur oder Anleitung immer mal wieder begegnen.

Mach es dir für diese Meditation bitte wieder so gemütlich wie möglich, und dann probier sie einfach mal aus. Bitte gib dir Zeit, dich auf diese Inhalte einzustellen. Sie können etwas gewöhnungsbedürftig sein, und nicht immer »funktioniert« sie bei den ersten Malen. Mach einfach weiter und schau, was sich daraus entwickelt. Bei dieser Meditation entscheide bitte selbst, ob du lieber mit geschlossenen oder offenen Augen üben möchtest. Und jetzt wünsch ich dir viel Freude!

Die Mitgefühlsmeditation

Mach es dir in einer aufrechten und doch gemütlichen Sitzposition bequem. Gib dir erst einmal etwas Zeit, bei dir anzukommen. Spüre den Boden unter dir. Die Festigkeit oder die Weichheit deiner Unterlage ... Richte deine Aufmerksamkeit bewusst auf deinen Körper. Vielleicht summt die vorangegangene Aktivität in deinem Körper noch nach. Das darf sein ... Erlaube deinem Körper eventuell vorhandene Spannung zu lösen. Alle Muskeln dürfen lockerlassen und Pause machen ... Gedanken kommen und gehen. Manches erscheint wichtig, anderes unwichtig. Für die Meditation ist dies nicht von Bedeutung. Gib auch deinem Geist die Gelegenheit, Pause zu machen und sich zu zentrieren. Richte deine Aufmerksamkeit ganz sanft und freundlich auf deinen Atem und fühle ihn bewusst ... Atemzug für Atemzug. Verweile zentriert bei deinem Atem und erlaube dir, in eine unabgelenkte, ruhige Klarheit zu kommen.

Nun leg dir eine Hand oder auch beide auf deinen Herzraum. Spüre die Berührung deiner Hände. Spüre ihre Wärme. Lass deine Aufmerksamkeit auf diesen Empfindungen ruhen und atme damit.

Nachdem du dich so etwas zentriert hast, werde dir bewusst, worunter du gerade leidest. Was stresst dich, was bereitet dir aktuell Schwierigkeiten? ... Vielleicht magst du auch etwas an dir nicht oder ärgerst dich über dich selbst? Vielleicht wird es dir erst mit der Zeit klar, oder du hast schon zu Beginn der Meditation gewusst, worum es bei dir geht. Ganz gleich, was es ist, werde dir dessen bewusst ... Es mag sein, dass du auch plötzlich Wut, Ärger, Angst, Frustration oder Traurigkeit in dir aufsteigen spürst. Lass sie ruhig hochkommen. Es darf sein. Jeder leidet, wenn sich gewohnte Lebenssituationen verändern, Geliebtes und Vertrautes wegbrechen oder wir bedroht werden. Es ist notwendig, dass wir uns gerade in diesen Zeiten um uns kümmern und versorgen, so dass sich unser aufgewühlter Organismus wieder beruhigen und Kraft schöpfen kann. Und so möchte ich dich jetzt einladen, dir selbst zu erlauben, für dich zu sorgen, indem du beginnst, dich dir freundlich zuzuwenden.

Halte die Emotion und das Thema, das dich beschäftigt, in deinem Bewusstsein. Lass dich von dir selbst berühren, von deinem Leid, von dem, was dich gerade so beschäftigt. Erlaube dir, es zuzulassen und zu fühlen, nur für diesen Moment ... Und dann dehne deine Aufmerksamkeit auch auf die Wärme und die Berührung deiner Hände auf deiner Herzgegend aus. Spüre dich, halte dich in deinem Schmerz. Vielleicht magst du dich auch umarmen. Spüre, wie du dich umfasst und hältst. Atme mit dir. Alles darf sein.

Und nun, vielleicht erst einmal nur ganz zart und leise, formuliere einen freundlichen, mitfühlenden Wunsch für dich. Einen Wunsch, der dir hilft, freundlicher, wohlwollender mit der Situation umzugehen, und der dich unterstützt, regeneriert und heilt, wie beispielsweise: »Möge ich sicher sein.« »Möge ich glücklich sein.« »Möge ich friedvoll und ruhig sein.« »Möge ich kraftvoll sein.« »Möge ich heilsame Lösungen finden.« »Möge ich all das erhalten, was ich brauche.« »Möge ich mich liebevoll begleiten.« Es braucht nur *ein* Wunsch zu sein oder einfach nur ein Wort wie »Frieden«, »Ruhe«, »Gelassenheit«, »Wärme«.

Lass diesen Wunsch oder dieses Wort mit dem Atem strömen. Du brauchst es nicht laut auszusprechen, flüstere es oder sprich es in deinen Gedanken vor dich hin.

Wiederhole deinen Wunsch, solange es für dich stimmig ist, bis du das Gefühl hast, dass der Prozess für diesen Moment erst einmal abgeschlossen ist.

Dann sitz noch einen Moment in Stille. Erlaube dir, einfach da zu sein – ohne Lösungen, ohne Aktivität. Du darfst einfach mal sein. Löse deine Hände, wenn es für dich stimmig ist, und verweile in Stille.

Beende nun die Meditation, nimm einen tiefen Atemzug, reck dich und steh dann langsam und vorsichtig wieder auf.

Mitgefühl im Alltag üben

Um einen beginnenden Stressprozess zu unterbrechen, braucht es von uns Bewusstheit darüber, was gerade mit uns geschieht. Sonst passiert es leicht, dass wir über uns und unser Empfinden hinweggehen und uns plötzlich mitten im Sturm der Emotionen befinden. Du weißt selbst, dass es nicht immer einer gravierenden Situation bedarf, sondern dass häufig die vielen kleinen Momente des Tages zu einer negativen Spirale führen. Es ist praktiziertes Mitgefühl, wenn du dir angewöhnst, schon in kleinen Momenten aufkommender schlechter Laune kurz mal innezuhalten und dem, was in dir passiert, mit Aufmerksamkeit zu begegnen.

Die folgende Übung ist sehr kurz. Du brauchst dafür nicht mehr als drei bis fünf Minuten, und sie zielt darauf ab, dir ein erstes Gerüst zu geben, mit dir schnell in achtsamen Kontakt zu kommen, und zu erkennen, was in dir los ist. So kannst du dich in aller Kürze zentrieren, um dich dann mitfühlend mit Wünschen und Selbstberührung zu versorgen und in Balance zu bringen. So haben die Stresskaskade und das mögliche destruktive Muster keine Chance mehr. Du kannst dir die Übung durchlesen und sie dann frei für dich üben, oder du hörst sie dir für die ersten paar Male auf der CD an und übst mit der gesprochenen Anleitung. Es ist bewusst keine lange Meditation, in der auch kein meditativer oder ruhiger Zustand erlangt werden soll. Es geht nur um eine bewusste Bestandsaufnahme und Information über deinen aktuellen Zustand, eine Unterbrechung oder Verhinderung des destruktiven Autopiloten und eine sofortige mitfühlende Fürsorge dir gegenüber. Du brauchst dafür auch nicht auf deinem Meditationsplatz zu sitzen. Sie ist eine Alltagspraxis und wird in Alltagssituationen ausgeführt. Zuallererst übe sie in ruhigen Momenten deines Tages wie direkt nach dem Aufstehen, in einer Pause und auch zum Abschluss des Tages, bevor du dich ins Bett legst. Es geht zunächst nur darum, dass du diese Übung verinnerlichst, dich daran gewöhnst, sie durchzuführen, und erste Erfahrungen damit zu sammeln. Zu Beginn kann es sich etwas künstlich anfühlen, und nicht immer kannst du bei jedem angesprochenen Punkt etwas wahrnehmen. Ab nächster Woche dann, wenn du mit der Übung vertraut bist, kannst du mit ihr experimentieren, sie in kleineren (und auch größeren) Stresssituationen anwenden und sie damit als Werkzeug konkret nutzen. Aber jetzt geht's erst mal nur ums Ausprobieren. Viel Freude damit!

Mitfühlender Atemraum

Wo auch immer du gerade bist, straffe deinen Körper und nimm eine aufrechte und würdevolle Haltung ein, dabei ist es ganz gleich, ob du sitzt oder stehst. Du kannst deine Augen offen lassen oder schließen, je nachdem, was dir in der aktuellen Situation gerade angenehmer ist. Richte deine Aufmerksamkeit auf dich selbst aus und werde dir bewusst, was für Gedanken dir gerade durch den Kopf gehen ... Was beschäftigt dich gerade? ... Dann nimm bewusst wahr, was für emotionale Regungen in dir aktiv sind. Vielleicht Ärger oder Angst, Traurigkeit oder Freude? ... Was kannst du für Körperempfindungen wahrnehmen? ... Gibt es irgendwo Wärme oder Kälte, Schmerzen, Spannungen oder sogar Verspannungen?

Oder auch das Gegenteil: wohlige Entspanntheit und Schmerzfreiheit? ... Erlaube dir, diese Erfahrung schlicht wahrzunehmen, zu registrieren und anzuerkennen, dass dies gerade in dir präsent ist. Auch wenn das, was du spürst, womöglich gerade unangenehm oder ungewollt ist. Es geht gerade nur darum, Informationen über dein aktuelles Befinden zu sammeln.

Nun bring deine gesamte Aufmerksamkeit ganz sanft und freundlich zu deinem Atem und fühle ihn ... Atemzug für Atemzug.

Leg dir nun deine Hände auf dein Herzzentrum. Spüre die Wärme deiner Hände auf deinem Herzraum.

Du weißt nun, was dich beschäftigt. Was wünschst du dir, was kann dich unterstützen? Lass aus deinem Herzen einen für dich stimmigen, wohlwollenden Wunsch entstehen wie: »Möge ich sicher sein.« »Möge ich glücklich sein.« »Möge ich gelassen und entspannt sein.« ... Und dann experimentiere einfach damit, was geschieht, wenn du diesen Wunsch mit dem Atem strömen lässt, ganz sachte, ganz entspannt ... »Möge ich glücklich sein.« »Möge ich ruhig sein.« »Möge ich stimmige Lösungen finden.«

Beende nun die Übung. Nimm einen tiefen Atemzug, reck und streck dich und gehe mit mitfühlender Aufmerksamkeit wieder den nun anstehenden Aufgaben nach.

Deine Übungen für die vierte Woche:

- Übe, wie auch in der vergangenen Woche, Body-Scan und Yoga im Wechsel an sechs von sieben Tagen.
- Übe zusätzlich an sechs Tagen die Mitgefühlsmeditation. Du kannst sie mit der Atemmeditation kombinieren, beispielsweise indem du vor und nach der Mitgefühlsmeditation noch ein paar Minuten auf deinen Atem achtest. Du kannst dafür die CD an der Atemmeditations-Stelle zu Beginn des Tracks so lange anhalten, wie du für dich in Stille meditieren möchtest, und dann mit der Anleitung wieder fortfahren, wenn es für dich stimmig ist – genauso am Ende der Meditation. So bist du flexibel in deiner Übungsgestaltung.
- Übe dich dreimal pro Tag im mitfühlenden Atemraum zu möglichst festgelegten Zeiten. Es geht erst einmal nur darum, dass du diese Übung für dich verinnerlichst, so dass sie dir später zur Verfügung steht, wenn es mal schwierig wird und du dich damit zentrieren und versorgen kannst. Empfehlenswert sind der Moment des Aufstehens, auf der Bettkante sitzend, die Mittagspause und dann noch mal zum Abschluss des Tages, der Moment des Insbettgehens.
- Werde dir deiner verinnerlichten destruktiven Sprach-, Denk- und Verhaltensmuster bewusst und woher oder von wem du sie übernommen hast.
- Übe dich in heilsamen Wünschen. Sei es in einer Übung (Body-Scan/Yoga) oder im Alltag. Solltest du einen selbstkritischen Gedanken entdecken, setze einen heilsamen konstruktiven Wunsch entgegen.

Woche 5

Die Macht der Gedanken heilsam nutzen

Wir verweben Meinungen, Vorurteile, Strategien und Gefühle miteinander zu einer soliden Realität und machen damit eine große Sache aus uns selbst, aus unserem Schmerz, aus unseren Problemen. Aber die Dinge sind längst nicht so fest, vorhersagbar oder nahtlos, wie sie scheinen.
Pema Chödrön

Willkommen in deiner fünften Woche! Du bist jetzt schon einen Monat auf dem Weg! Das ist eine beachtliche Leistung. Ich möchte dich einladen, kurz einmal innezuhalten und zu schauen, was sich in diesem Monat für dich verändert hat. Nimm dir ein paar Minuten für dich und schreib alles auf, was dir einfällt. Ja, auch die kleinen Dinge! Bedenke, jedes bisschen, das jetzt anders läuft, zieht neue Veränderungen nach sich. Nichts ist mehr so, wie es vorher war. Also, was auch immer sich an noch so kleinen Dingen für dich positiv verändert hat, wertschätze es!

Honoriere auch deine Kraft und dein Durchhaltevermögen bis hierhin! Ich weiß, dass dieser Weg manchmal sehr schwer und nervenaufreibend, manchmal auch frustrierend ist, und es ist etwas sehr Besonderes, wenn Menschen sich entschließen, diesen Weg zu gehen und dann auch noch bis zur fünften Woche durchhalten. Das ist überhaupt nicht selbstverständlich. Insbesondere motivierst du dich jeden Tag selbst, dich damit auseinanderzusetzen. Andere haben die Unterstützung einer ganzen Gruppe und eines anwesenden Lehrers, was es leichtermacht, sich zu motivieren. Du machst das ganz alleine. Das zeugt von deiner starken Energie, deiner Entschlossenheit und von etwas sehr Wichtigem: Mitgefühl mit dir selbst! Toll, dass du heute hier sitzt, weiter dabei bist, liest und übst. Ich freue mich wirklich sehr darüber!

Worum geht es in dieser Woche? Nun, nachdem wir uns letzte Woche mit der Ursache unserer destruktiven Muster beschäftigt haben, möchte ich heute mit dir ganz konkret über den Umgang mit Gedanken sprechen. Auch wenn Gedanken immer wieder in den vergangenen Kapiteln ein Thema waren, möchte ich sie jetzt etwas detaillierter angehen und dir mögliche Wege aufzeigen, mit ihnen heilsam umzugehen. Bereit? Dann los!

Denkst du noch, oder grübelst du schon?

Durch die bisherigen Meditationen und auch die Übungen des Body-Scan und Yoga hast du wahrscheinlich nicht nur sehr intensiv Bekanntschaft mit deinen Gedanken gemacht, sondern schon ein bisschen gelernt, deine mentalen Prozesse zu beobachten und immer wieder auszusteigen. Vielleicht hast du auch bemerkt, dass es Gedanken gibt, die ziemlich leicht abzuschütteln sind, und andere, die eine erhöhte »Klebrigkeit« aufweisen. Gibt es Unterschiede im Denken? Ja, die gibt es. Grundsätzlich finde ich es sehr wichtig, dass wir uns klarmachen, dass Gedankenaktivität normal ist. Es läuft also überhaupt nichts schief, wenn du in der Meditation Gedanken hast, und bitte versuche keinesfalls, einen komplett gedankenfreien geistigen Raum zu erschaffen –

das wäre kontraproduktiv. Solange du ein funktionierendes Gehirn hast, wirst du Gedankenaktivität haben, sehr vordergründige klar wahrnehmbare oder eben auch sehr subtil und kaum merkliche, die einem mehr oder weniger bewusst ist. Statt Gedanken eliminieren zu wollen, geht es vielmehr darum, welche Beziehung du zu deinen Gedanken eingehst. Lässt du dich von ihnen gefangen nehmen, gängeln und quälen, oder entscheidest du selbst, was du weiterverfolgen möchtest? In den alten Meditationsschulen Tibets wurden die Gedanken als Freunde der Meditierenden angesehen, als hilfreiche Übungsobjekte, mit denen man seine Fähigkeiten von Konzentration, Priorisierung, Geduld, Freundlichkeit, Mitgefühl und heilsamer Disziplin stärken konnte. Alles Fähigkeiten, die wir im Alltag ziemlich gut gebrauchen können, oder?

Es ist ein erster großartiger Schritt, dass inzwischen an manchen Schulen einfache Meditationstechniken für Kinder vermittelt werden. Zu meiner Zeit gab es das noch nicht. Uns hat keiner beigebracht, wie wir eine vernünftige Gedankenhygiene betreiben können. Stattdessen wurden wir schon sehr früh ermutigt, kräftig über ein Problem nachzudenken, was uns suggerierte, dass sich Probleme und unangenehme Gefühle einfach wegdenken ließen – was jedoch meistens nicht funktioniert. Stattdessen verselbständigt sich der Prozess, und das Nachdenken schlägt in Grübeln um, eine geistige Fehlfunktion, die uns keiner Lösung näherbringt, sondern uns nur tiefer in destruktive Stressempfindungen und noch mehr Hilflosigkeit führt. Ein Teufelskreis kommt in Gang, dem wir wieder durch noch mehr Grübeln entgegenzuwirken versuchen. Dieses wird als Sicherungsmaßnahme (Denken = Lösung = Sicherheit) vom Gehirn automatisch in Endlosschleifen weitergeführt, wenn wir ihn nicht aktiv unterbrechen.

Die Natur stellt uns ein Bein. Denn wie du in Woche eins, wo es um die geistigen Verweilzustände ging, gelernt hast, gehört das Durchspielen vergangener Situationen, die nicht so ganz optimal gelaufen sind, und das Entwickeln von zukünftigen Handlungsszenarien zu unserem natürlichen Lernprozess, mit dem wir uns an neue Situationen besser anpassen und damit unser Überleben sichern. Darum läuft auch dieser Mechanismus gerade in Stressmomenten unseres Lebens vermehrt ab. Bitte versteh mich richtig: Es ist wichtig, dass wir diesem Mechanismus folgen und über das nachdenken, was nicht optimal gelaufen ist, dass wir Fehler aufdecken und stimmigere Alternativen entwickeln. Doch es ist auch wichtig, konstruktive Prozesse von destruktiven zu unterscheiden und destruktive zu stoppen. So ist es ein großer Unterschied, ob du konstruktiv und lösungsorientiert nachdenkst oder dich in den Endlosschleifen des Grübelns über vergangene oder zukünftige Situationen verfängst. Der Unterschied von Nachdenken zu Grübeln ist einfach, dennoch häufig unmerklich und fließend: Nachdenken weist eine klare Struktur und Lösungsorientiertheit auf. Meistens kommt ein konkretes Ergebnis wie eine Erkenntnis oder sogar ein Handlungsplan dabei heraus. Wenn dies fehlläuft, entsteht eine gedankliche Endlosschleife: das Grübeln oder auch Denken im Kreis. Es ist, als hätten wir einen Sprung in der Platte. Dies führt nicht zu Lösungen, sondern stattdessen zu einer Überspitzung oder Dramatisierung der Situation, um die es geht, und damit zu einer unangemessen erhöhten Stresshormonausschüttung. Erleben wir ein Drama, eine Katastrophe in unserer Vorstellung, schüttet unser Körper die Hormonmenge aus, die er zur Bekämpfung der fiktiven Situation braucht (wäre sie denn Realität). So kommt es dazu, dass wir im Bett oder auf der Couch liegend Stress erleben können, als würden wir gerade in diesem Moment um unser Leben kämpfen müssen. Da es aber eine fiktive Situation ist, die sich nur in unserer Vorstellung abspielt, können wir sie gerade aktiv nicht angehen und die ganze Energie, die durch die Stresshormone mobilisiert wird, auch gar nicht aktiv zielgerichtet umsetzen. Meist liegen wir dabei gerade im Bett oder auf der Couch, und das Gefühl, gerade aktiv nichts tun zu können, wird kompensiert durch noch mehr Grübeln und Überlegen, wie wir die Situation »bekämpfen« oder »lösen« können. Wir können ja nicht einfach so dasitzen und nichts tun (das haben wir ja meist auch schon als Kinder gelernt). Nichts real aktiv tun zu können erleben wir als Kontrollverlust, was wiederum noch mehr Stress erzeugt. Also gaukelt uns das Gehirn durch Grübeln auch noch vor, dass wir uns vermeintlich »sinnvoll« mit der Situation beschäftigen, um diese Unsicherheit zu kompensieren. Das macht es uns auch so schwer, den Prozess zu unterbrechen, denn es fühlt sich irgendwie »falsch« an, damit aufzuhören. Doch wenn uns klarwird, dass dies ein aus dem Ruder gelaufener automatisch ablaufender Sicherungsmechanismus ist, der uns – statt uns zu sichern – die Hölle so richtig heißmacht, können wir gegensteuern.

Dazu kommen dann meist noch unsere bereits bekannten, wenig liebevollen Durchhalteparolen sowie selbstabwertende und selbstkritische Äußerungen. Wie du letzte Woche erfahren hast, sind dies auch Sicherungsmuster, die heute jedoch nur zur Verschlimmerung beitragen. Damit ist unsere persönliche Hölle perfekt. Dafür brauchen wir niemand anderen. Das können wir ganz prima selbst. Und da wir das selbst machen, sind wir auch die Einzigen, die damit aufhören können. Niemand kann uns hier retten, kein Ritter, keine Traumprinzessin, keine Fee, mit der dann magisch alles in Ordnung wäre. Nur du alleine kannst das für dich stoppen. Das ist aktiv gelebtes Selbstmitgefühl. Alle Übungen, die du bisher absolviert hast, zielen darauf ab, dass du dir helfen kannst, dass du diese selbstzerfleischenden Mechanismen erkennen und dein Leid beenden kannst. Nochmal: nichts gegen nachdenken – doch auf Grübeleien kannst du echt verzichten! Mach dir bitte bewusst: Grübeln ist ein fehlgeleiteter Sicherungsprozess – der direkte Weg in deine persönliche Hölle. Also raus da! Du darfst aufhören, dir weh zu tun.

Es sind nur Gedanken – keine Tatsachen!

»Glaube nicht alles, was du denkst« – ich weiß nicht, wer der Urheber dieses Ausspruches ist, er könnte aber auch einfach als universale Weisheit bezeichnet werden. Denn du weißt so gut wie ich, dass der Großteil von dem, was wir über eine Situation oder eine Person gedacht haben, nichts, aber auch wirklich so gar nichts mit der Realität zu tun hat. Es ist meistens anders oder viel schlichter, als wir befürchtet und es uns ausgemalt haben. Wir sind schon zig Tode gestorben und leben immer noch, und zum Glück sind die meisten Katastrophen, die wir uns ausgemalt haben, nie eingetroffen.

Durch die Achtsamkeitsmeditation machst du dich mit deinen Gedankenprozessen und mit ihrer Flüchtigkeit vertraut. Wir gehen unseren Gedanken meist deswegen auf den Leim, weil sie sich durch starke Bilder in unserer Vorstellung und den dazupassenden Emotionen und Empfindungen in unserem Körper greifbar manifestieren und damit so real erscheinen. Da ist plötzlich eine massive Wut oder Angst spürbar, deine Brust und dein Hals werden eng, dein

Herz klopft – das soll nicht real sein? Doch! Diese Regungen in deinem Körper sind real, allerdings ausgelöst durch eine nicht reale Vorstellung, und es ist wirklich wichtig, das voneinander zu unterscheiden! In der Meditation kannst du dich damit vertraut machen, was die tatsächliche Natur deiner Gedanken ist. Was passiert beispielsweise mit den Gedanken, wenn du ihnen deine Aufmerksamkeit entziehst? Was passiert dann auch mit deinen Emotionen, wenn du sie nicht weiter durch die Filme in deinem Kopf nährst und deine ganze Aufmerksamkeit von den Gedanken abziehst? Kannst du beobachten, wie sich dauernd alles Mögliche an Themen in deinem Geist abwechselt, ein permanentes Kommen und Gehen ist, wenn du nicht eingreifst, sondern einfach nur zuschaust?

Es ist unglaublich befreiend, wenn du in der Meditation die Erfahrung machst, dass jeder Gedanke nur ein Gedanke ist – ein flüchtiges Phänomen, das auftaucht und wieder vergeht. Du brauchst dich nicht mehr um jeden Gedanken zu kümmern, nicht mehr für alles Lösungen zu finden, noch brauchst du den Geschichten, die in deinem Kopf ablaufen, uneingeschränkt zu glauben. Es ist wie ein großes Kino! Um dich herum passiert das Leben. Das kannst du sehen, anfassen, riechen und schmecken – alles andere ist nur in deiner Vorstellung. Auch alles, was du über dich selbst denkst und für real hältst. Annahmen und Interpretationen über die anderen und uns selbst sind ebenfalls nur Vorstellungen. Sie gleichen getönten Gläsern einer Brille. Sind wir uns der Brille auf unserer Nase mit den getönten Gläsern nicht bewusst, dann halten wir das eingefärbte Bild von uns und den anderen für die Realität. Diese Brillentönung entsteht vor allem durch Hormone – die berühmte »rosa Brille« wird etwa ausgelöst durch die Kuschel- und Glückshormone Oxytocin und Endorphin, die dunkle Brille wird bewirkt durch einen

Mangel des Stimmungsstabilisierers Serotonin und einem »Zuviel« an Stresshormonen Adrenalin und Cortisol. Unser Organismus stimuliert diese Hormone aufgrund unserer Gedanken und unbewussten Wahrnehmungsprozesse, und umgekehrt werden durch die Hormone wiederum bestimmte Gedanken und Wahrnehmungsfärbungen angeregt. Das sind die Feedback-Schleifen zwischen Körper und Geist. Möglicherweise hast du schon mal bei dir selbst beobachtet, dass du bei guter Laune viel weniger selbstkritische Gedanken hattest und auch viel weniger davon ausgegangen bist, dass die Welt dich nicht mag. Umgekehrt hast du vielleicht auch bemerkt, dass es dir an schlechten Tagen weder du noch die anderen recht machen konnten und dich sowieso keiner mag, und das hat sich dann über die Zeit immer mehr verselbständigt und verschlimmert. Stimmt's? Doch leider kommt man dann überhaupt nicht auf die Idee, dass das gerade ein Film ist, in dem man gefangen ist und diesen auch noch selbst produziert.

Grundsätzlich entspricht unsere sinnliche Wahrnehmung schon der Welt um uns herum, aber deren Bewertung und Interpretation ist eine ganz persönliche Sache. Es gibt so gut wie keine neutrale Wahrnehmung: Das, was du im Außen siehst, läuft bereits durch deinen Filter. Wahrnehmung kann also unmöglich als neutraler Beweis dienen, denn sie ist durch deine persönliche Interpretationsbrille eingefärbt. Je bewusster du jedoch wirst und deine Aufmerksamkeit auf den Vorgang der Interpretation und deine gedanklichen Prozesse richtest, desto mehr kannst du dich darin üben, eine immer neutralere Haltung einzunehmen. Wenn du außerdem lernst, mit deinen Gedanken nicht nur umzugehen, sondern dich mit ihrer flüchtigen Natur vertraut zu machen und zu erkennen, dass sie uns zwar fest und real erscheinen und doch ihrer Natur nach flüchtig sind und keinerlei greifbare Substanz haben, dann wirst du dich aus ihrer Macht mit der Zeit befreien können.

Du bist nicht deine Gedanken. Sie sind lediglich ein Spiel deines Geistes, eine gewohnheitsmäßige Art und Weise, deine elektrischen Impulse im Hirn ablaufen zu lassen und sie auf deinen dir sehr vertrauten Themen zu bündeln. Mehr nicht. Damit dies jetzt nicht einfach nur ein paar Worte sind, die du liest, möchte ich dich in eine Meditation begleiten, in der du dies für dich erforschen und erfahren kannst. Du kannst sie auf deinem Meditationsplatz üben oder auch in deinem Lesesessel oder auf der Couch. Wichtig ist nur, dass du aufrecht sitzt und in dein Zimmer hineinschauen kannst oder zum Fenster hinaus. Du kannst diese Übung auch gerne auf dem Balkon oder in deinem Garten machen oder auf einer Bank im Park.

Offenes Gewahrsein

Setz dich bequem, aber aufrecht hin, mit Blick in dein Zimmer oder zum Fenster hinaus. Solltest du normalerweise deine Augen geschlossen haben, dann lass sie bitte diesmal geöffnet, das wird dir wahrscheinlich die Übung erleichtern. Jetzt richte deine Aufmerksamkeit erst einmal auf deinen Atem und erlaube dir, zur Ruhe zu kommen. Der Atem fließt, wie er gerade fließt. Gedanken kommen und gehen. Bleibe ganz sanft und freundlich bei deiner Atmung. Wenn es nicht anders geht, kannst du für diese Atemsequenz deine Augen geschlossen halten.

Lass die Atmung nun etwas in den Hintergrund deiner Aufmerksamkeit treten und beobachte deine Gedanken.

Du kannst wahrscheinlich sehen, wie sie kommen und gehen. Bei jedem ist es etwas unterschiedlich. Die einen sehen Bilder, Szenen, Fetzen von Erlebtem, die als Bild oder wie ein Filmausschnitt vor dem geistigen Auge auftauchen. Andere hören imaginär Gesagtes, Worte tauchen auf oder ganze Sätze, manchmal auch imaginär sichtbar, wie geschrieben. Manchmal erscheint es, als würden diese Gedanken von vorne kommen oder von hinten und einen Kreis um uns herum beschreiben. Anderes taucht plötzlich auf, wie ein Blitz, und verschwindet ebenso schnell wieder. Schau diesem Spiel zu. Es können so viele Gedanken an dir vorbeirauschen, dass sie wie ein Wasserfall oder ein reißender Fluss wirken, kaum einzeln voneinander zu unterscheiden. An anderen Tagen sitzt du da und der Strom deiner Gedanken fließt träge oder nur spärlich, und manchmal scheint nichts, aber auch so gar nichts los zu sein in deinem Kopf, so als wäre der Geist ein leerer Raum. Genau! Geist ist raumgleich. Und genau darauf möchte ich mit dir in dieser Übung hinaus.

Bisher hast du dich mit den Gedanken beschäftigt. Jetzt möchte ich dich bitten, die Lücke zwischen den Gedanken wahrzunehmen. Finde die Lücke … Und nun dehne sie aus … Da ist Raum zwischen den Gedanken. Verweile in diesem Raum. Die Gedanken sind nicht wichtig. Der Raum ist nun dein Wahrnehmungsobjekt. Lass diese Lücke immer weiter werden, und sei dir bewusst, dass die Gedanken damit lediglich sich bewegende und vergängliche Phänomene im Raum sind, so wie Wolken, die am Himmel ziehen. Auch die sind vergänglich, nicht greifbar, genauso wie deine Gedanken. Wir nehmen Gedanken gewöhnlich sehr intensiv wahr und daher für sehr wichtig. Mach dich vertraut mit ihrer Flüchtigkeit. Sie sind

nur Durchgangsphänomene und lösen sich auf, wenn wir uns nicht weiter mit ihnen beschäftigen.
Jetzt dehne deinen geistigen Raum immer weiter aus. Lass ihn so weit werden wie das Zimmer, in dem du sitzt ... Wenn das geklappt hat, lass ihn so weit werden wie das Haus, in dem du sitzt ... Und dann lass ihn so weit werden wie den Himmel. Entspann dich in die Weite hinein, lass los, werde ganz weit und ganz offen. Schau zum Fenster hinaus, schau in den Himmel, entspann dich in den Himmel hinein. Verweile, so lange du magst, in dieser Offenheit. Gedanken kommen und gehen und dürfen einfach in dieser unendlichen Weite sein. Alles hat Platz, nichts braucht mehr bekämpft zu werden. Alles kann sich frei bewegen, kommen und gehen. Lass die Gedanken ziehen, ohne dich mit ihnen zu beschäftigen, entspann dich mehr und mehr in die Weite.

Zum Abschluss zieh deine Aufmerksamkeit wieder etwas mehr zusammen und sammle sie wieder bei deinem Atem. Fühl deinen Atem bewusst. Nimm deinen Körper bewusst wahr.
Nun beende die Meditation, nimm einen tiefen Atemzug, reck und streck dich und bewahre dir die Erfahrung der Weite deines Geistes so lange wie möglich in deinen nun folgenden Aktivitäten.

Was hat das mit Mitgefühl zu tun?

Wenn wir aktives Selbstmitgefühl üben, versuchen wir Leid erzeugendes Verhalten (und dazu gehört auch destruktives Denken) zu beenden, sobald wir es bemerken. Ich gebe dir diese ganzen Informationen, damit du deine wenig liebevollen und wenig mitfühlenden Gewohnheitsmuster erkennst und dich über sie erheben kannst. Denn alles beginnt bei unseren Gedanken. Es folgt aus deinen Gedanken, denen du Glauben schenkst, dass du dich selbst fertigmachst oder vernachlässigst. Hältst du sie für real, hältst du auch deinen Zwang, dich selbst wenig mitfühlend behandeln zu müssen, für real! Erkennst du, dass sie nur Sicherungsmuster, ein Echo längst vergangener Zeiten sind, kannst du damit aufhören. Ja, einfach so. Es beginnt mit dem Erkennen, darauf folgt eine Entscheidung und dann die konkrete heilsame Handlung. Das ist angewandtes Selbstmitgefühl und lässt sich natürlich auch auf alle anderen Situationen übertragen, in denen du etwas verändern möchtest. Viele warten darauf, dass sie irgendwann einmal den Funken von Selbstliebe in sich spüren oder dass sie selbstmitfühlend werden, erleben jedoch stattdessen immer stärker ihr Gefängnis von destruktiven Gedankenmustern und verstricken sich darin. Mit der Konsequenz, genervt aufzugeben, sich die nächste Tüte Frust-Chips aufzureißen oder doch wieder mehr Wein zu trinken, als sie vorgehabt hatten. Alles, was dich dazu verleitet, aufzugeben, Dinge zu tun, die dir nicht guttun oder mit denen du dir selbst versagst, glücklich zu sein, beginnt mit deinen Gedanken! Selbstzweifel und Härte gegen dich selbst beginnen in deinen Gedanken. Frustration und Wut nähren sich durch deine Gedanken, aber eben auch das Gegenteil davon.

Unsere Neuroplastizität klug nutzen

Wir können Gedanken auch ganz konkret nutzen, um Freude und Freundlichkeit, liebende Güte und Mitgefühl in uns zu kultivieren. Je häufiger wir das machen, und es uns auch so plastisch wie möglich vorstellen, desto stärkere Verschaltungen werden dadurch in unserem Gehirn angelegt. Vielleicht erinnerst du dich: Alles, was wir häufig machen, baut Verschaltungen auf, mit denen wir das, was wir üben, immer leichter und schneller können. Auch die für unser Gefühlsleben wichtigen Hormone werden durch die neu entstehenden neuronalen Muster positiv beeinflusst. Das Gehirn macht keinen Unterschied, was wir üben; wir müssen entscheiden, was wir in ihm an Verschaltungen anlegen wollen, denn diese prägen unsere Wahrnehmungen, unsere Reaktionen und unsere Handlungen.

Dabei fängt alles bei unseren Gedanken an. Auch Gedanken, die häufig durchgespielt und von unserem Gehirn als sehr real erlebt werden, bilden dort mit der Zeit eingeprägte Strukturen. Wenn du also auf Dauer Gedanken des Selbstzweifels, der Kritik oder gar des Hasses hegst, wird dies immer mehr zu deinem Denk- und Fühlautomatismus und damit mehr und mehr zu deiner wahrgenommenen Realität. Übst du dich hingegen in wohlwollenden, freundlichen, großzügigen, gewährenden, akzeptierenden und fürsorglichen Gedanken, wird auch das mehr und mehr in dir angelegt und prägt mit der Zeit deine Realität. Mit diesem Prozess entstehen heilsame Denk-, Fühl- und Wahrnehmungsautomatismen, die dein ganzes Sein prägen. Außerdem gibt es daran noch etwas Tolles: Der zweite Modus entspannt dich immer mehr, erzeugt angenehme Gefühle und reduziert selbstschädigendes Verhalten. Und was macht die Natur mit den destruktiven Verschaltungen, die von dir nun weniger oder gar nicht mehr benutzt werden? Genau, sie baut sie ab und stärkt stattdessen mehr die Mitgefühlsverschaltungen, die du jetzt übst. Damit befreist du dich auf angenehme Weise selbst.

Mitgefühl durch die Praxis des offenen Gewahrseins

Je mehr es dir gelingt, deinen Geist in der Meditation zu weiten und zu öffnen, desto leichter wird es dir mit der Zeit erscheinen, Gedanken als flüchtige Phänomene, als Bewegungen im geistigen Raum wahrzunehmen und dich weniger mit ihnen zu identifizieren oder unter ihnen zu leiden. Daraufhin reift in dir die Erkenntnis, wie stark du früher unter deiner geistigen Enge und dem Zwang der Gedanken gelitten hast. Mehr und mehr wirst du dich wahrscheinlich dabei berührt fühlen, weil dir klarwird, wie schmerzvoll dies für dich war – und für andere noch ist, die diese Enge und Zwanghaftigkeit ihrer Gedanken nach wie vor erleben. Es kann sein, dass dann ganz natürlich in dir auch Mitgefühl für Menschen in deiner Umgebung erwacht und du den Wunsch hegst, dass auch sie diese Freiheit erleben mögen. Das ist eine Herzensqualität, die mit der Zeit ganz natürlich aus der Praxis und Erfahrung der Meditation erwächst. Im Buddhismus wird dies *Boddhicitta* genannt – das »erwachte Herz«. So stärkt die Praxis des Selbstmitgefühls ganz automatisch auch das Mitgefühl für andere. Du entdeckst, dass alle auf ganz ähnliche Art und Weise leiden wie du. Doch dieses Mitgefühl fühlt sich wahrscheinlich nicht mehr so zehrend an wie der Mitleidszustand, den du vielleicht für mitfühlendes und liebevolles Verhalten anderen gegenüber vor dem Training gehalten hast, in dem du dich die ganze Zeit für andere aufgeopfert hast. Dieses Mitgefühl aus dem erwachten Herzen heraus ist leicht und unangestrengt, denn es ist mit Weisheit verbunden. Du siehst nun die Ursachen des Leidens und kennst den Weg, wie Menschen sich daraus befreien können. Du weißt nun auch, dass du nicht viel dazu tun kannst, nur jeder selbst kann ihn für sich entdecken. Deine Haltung bestimmten Personen gegenüber wird jetzt eine andere sein. Du brauchst dich nicht mehr vor Kraftverlust zu schützen, weil du meinst, du müsstest sie retten. Stattdessen kannst du es vielleicht nun sogar besser aushalten, dass die Person gerade leidet, ihr leichter zuhören, ohne Ratschläge geben zu müssen, und damit kannst du wirklich für sie da sein. Statt Ratschläge und Tipps zu geben, kannst du ihr von deinen eigenen Erfahrungen erzählen, wenn du magst und sie offen dafür ist. Manchmal reicht es jedoch, einfach nur da zu sein und wirklich aufmerksam zuzuhören und den Schmerz auf der anderen Seite anzuerkennen, beispielsweise durch Worte wie: »Mensch, das kann ich gut nachvollziehen. Was für eine anstrengende Situation für dich!« Du trägst nun nicht mehr die Bürde der Verantwortung für ihr Wohlergehen, denn du weißt, dass sie diese nur selbst tragen kann. Du kannst sie in den Arm nehmen, ihr Aufmerksamkeit schenken, ihr auch einen Tee machen, doch du brauchst sie nicht mehr vor sich selbst zu retten, denn das liegt nicht in deiner Macht. Du kannst sie nur inspirieren, ihren eigenen Weg zu finden, wenn die Zeit dafür reif ist. So musste ja auch bei dir die Zeit reif werden, und du weißt, was für Tiefen du dafür durchschreiten musstest, damit du genügend Kraft und Motivation hattest, einen neuen, freieren Weg einzuschlagen.

Deine Übungen für die fünfte Woche:

- *Langsam kommt mehr Flexibilität in deine Übungen. Übe Body-Scan oder Yoga nach eigenem Ermessen. Entscheide selbst, ob und welche Übung du an welchem Tag praktizieren möchtest. Das kann auch bedeuten, dass du dich entscheidest,*

an einem Tag oder auch an mehreren Tagen keinen Yoga oder keinen Body-Scan zu üben.
- Übe allerdings bitte an sechs Tagen im täglichen Wechsel die Meditation des »Offenen Gewahrseins« und die Mitgefühlsmeditation mit der CD. Mache wie immer bei Bedarf Gebrauch von deiner Fernbedienung zur Steuerung der für dich stimmigen Pausenzeiten.
- Werde dir deiner destruktiven Gedankenmuster bewusst.
- Benutze den mitfühlenden Atemraum, um dich zu zentrieren und zu versorgen, wenn es dir gerade nicht gutgeht, wenn du anfängst zu grübeln oder wenn du in Stress gerätst. Bitte erwarte von dir noch keine Wunder ... die brauchen bekanntlich etwas länger.

Woche 6

Mit sich selbst Freundschaft schließen

Bei der Übung von Meditation geht es nicht darum, uns selbst wegzuwerfen und etwas Besseres zu werden. Es geht vielmehr darum, uns mit dem anzufreunden, was wir sind.

Pema Chödrön

Hallo! Da bist du ja wieder! Schön, dass du da bist. Wie ist die vergangene Woche gelaufen? Wie war es für dich, selbst entscheiden zu können, wie oft und ob du Yoga oder Body-Scan übst? Hier zeigte sich möglicherweise noch mal das Muster, dir etwas zu versagen, wenn es nicht explizit von einem Programm, das es zu erfüllen gibt, gefordert wird. Wenn dieses Muster aufgekommen ist, sieh es bitte als Trainingsreiz, der dazu da ist, dich darin zu üben, dir etwas Gutes zu tun, auch wenn der äußere Rahmen wegfällt. Diese Übungen sind für dich da. Je mehr du sie für dich tust, um dir damit etwas Gutes zu tun, desto stärker übst du dich in selbstfürsorglichem Verhalten.

Wie ging es dir mit dem mitfühlenden Atemraum? Konntest du ihn nutzen, wenn du gemerkt hast, dass es dir nicht gutgeht? Wie hat sich das dann auf die weitere Situation ausgewirkt? Es kann sein, dass du erst später festgestellt hast, dass du in der jeweiligen Situation den Atemraum hättest gut gebrauchen können, ihn jedoch vergessen hattest. Das macht nichts. Das ist sogar ziemlich normal. Übe weiter. Vielleicht kannst du ja etwas in deinem täglichen Sichtbereich aufhängen, das dich erinnert? Es kann ein Bild sein, ein roter Klebepunkt oder etwas anderes. Nur du brauchst zu wissen, was es bedeutet. Eine Teilnehmerin von mir hat sich beispielsweise als Erinnerung ein kleines rotes Feuerwehrauto vor den Bildschirm gestellt und eine andere ein kleines Herzchen an den Rand ihres Laptops geklebt.

Doch ganz gleich, wie viele Erinnerungen wir uns für den Alltag basteln, wie viel wir auch meditieren, Yoga machen, den Body scannen, uns unsere Hand aufs Herz legen: Es wird immer wieder Situationen in unserem Leben geben, die uns umhauen, mit denen wir so gar nicht gerechnet haben. Wie schnell läuft dann die alte Leier wieder an, nur jetzt in einem Praxis-Gewand: »*Jetzt praktiziere ich doch schon fünf Wochen Achtsamkeit und Selbstmitgefühl, und immer noch werde ich wütend, bin ich traurig, habe Angst oder fühle ich mich gestresst!*« Die Vorstellung, in der Praxis versagt zu haben, schwingt dabei stark mit. Was auch immer wir tun, wir erwerben damit kein Abo auf immerwährendes Glück und paradiesische Zustände! Leider! Doch du hast nun Werkzeuge, um mit den Schwankungen und Schwierigkeiten umzugehen. Du bist ab jetzt nicht mehr hilflos! Und das kann dir auch helfen, dir jetzt keinen zusätzlichen Strick draus zu drehen. Was kannst du tun, wenn dich das Leben wieder mal kalt erwischt hat? Damit beschäftigen wir uns heute …

Leiden gehört zum Leben

Du hast nichts falsch gemacht, wenn es dich mal wieder erwischt hat. Du lebst. Die Welt bewegt sich, dein Körper ist lebendig, und alles, was der Vergänglichkeit unterworfen ist, erzeugt früher oder später leidvolle Empfindungen in uns. Wir sind frustriert, weil es mal wieder nicht so läuft, wie wir es uns vorgestellt haben. Wir hatten andere Pläne, und das Leben hat sich nicht daran gehalten. Ja, manchmal treffen wir eine Entscheidung, und es zeigt sich, dass wir uns damit kräftig in die Nesseln gesetzt haben und nun die Konsequenzen tragen müssen, die uns so gar nicht schmecken. Und manchmal sind wir einfach unkonzentriert oder ungeduldig, und jedes Fettnäpfchen scheint insbesondere für uns aufgestellt worden zu sein. Leid gehört zum Leben dazu, das war auch zu Buddhas Zeiten nicht anders. Manchmal denkt man ja, dass früher alles besser war, damals, als alle so spirituell waren und weniger Medien zur Verfügung hatten, keine Autos die Luft verpesteten, es nur naturbelassenes Essen gab und sich alle noch miteinander unterhielten. Schnell entsteht eine romantische Verklärung vergangener Zeiten, doch jede Zeit hat ihre ganz eigenen Herausforderungen und Probleme, und die Menschen mussten alle lernen, damit irgendwie zurechtzukommen.

Eines der herausragenden menschlichen Kompensationsmodelle ist der Versuch, alles zu kontrollieren. Kontrolle ist die Kompensation von Angst. Wir kontrollieren, damit wir uns sicher fühlen. Doch das bedeutet nicht, dass es tatsächlich so ist. Die Vergänglichkeit lässt sich nicht abstellen. Die Übungspraxis des Programms schult uns darin, unserem Bedürfnis nach Kontrolle bewusst zu begegnen. Das macht anfänglich ganz natürlich Angst. Was sich unserer Kontrolle entzieht, das wirkt auf uns bedrohlich, da es eben nicht von uns kontrolliert werden kann. Wenn du das Außen nicht kontrollieren kannst (das geht ja auch nur in einem sehr begrenzten Maß), beginnst du die Kontrolle möglicherweise auf dich selbst anzuwenden. Vielleicht gibt es dann Zeiten, in denen alles ganz besonders sauber sein muss (dein Zuhause, deine Kleidung, dein Körper). Möglicherweise überprüfst du akribisch deine tägliche Kalorienzufuhr oder beginnst dein Sporttraining genauestens zu dokumentieren und dich zu immer höheren Leistungen zu treiben. Es sieht aus, als wärest du reinlich, pflicht- und gesundheitsbewusst, doch es ist mehr als das, es ist übermäßige Kontrolle und möglicherweise auch eine versteckte Art der Selbstbestrafung. Es fehlt die Leichtigkeit, die Freude, das Wohlgefühl; stattdessen regieren Spannung und Härte gegen dich selbst.

Wenn also etwas in unserem Leben nicht nach Plan läuft, weil es von uns nicht kontrolliert werden konnte, passiert es, dass die Psyche Kontrollalternativen sucht und damit wieder der wenig mitfühlende, destruktive Modus angeschaltet wird, den wir mittlerweile so gut kennen. In der Praxis kannst du lernen, dich davon langsam zu lösen, und – ganz gleich, ob du meditierst, den Body scannst oder Yoga übst – die Erfahrung zulassen, dass der Boden und dein Kissen dich tragen, auch ohne dass du dich extra dafür anstrengst. Die Erde trägt, dein Atem fließt, alles geschieht von selbst, und du lernst, dass du schrittweise lockerlassen und deinen Klammergriff um dich nach und nach loslassen kannst.

Es ist, wie es ist – die Heilkraft der Akzeptanz

Vor ein paar Wochen bekam ich eine Postkarte von einer Teilnehmerin. Auf dieser Karte stand in einer Sprechblase nur ein einzelnes Wort: »*Isso!*« – die laut- und umgangssprachliche Abkürzung für: »*Es ist so!*« Sie schilderte mir, dass eine ihrer wichtigsten Erkenntnisse aus diesem Kurs die Akzeptanz dessen war, was sich für sie nicht gut anfühlte. Sie kämpfte andauernd gegen unangenehme Gefühle, gegen Schmerzen, gegen ihr Sosein, wie sie gerade war und nicht sein wollte, sie kämpfte gegen ihr Umfeld, das nicht das tat, was sie sich vorstellte – eigentlich kämpfte sie gegen alles. Und sie benutzte auch die Übungspraxis dafür, gegen sich selbst anzukämpfen, indem sie versuchte, sich ihrem eisernen Willen und übermäßiger Diziplin zu unterwerfen, um »besser« und »entspannter« zu werden, was natürlich nicht funktionierte. Stattdessen steigerte dies nur ihre Anspannung, ihren Frust und das Gefühl, nicht »gut« zu sein, und sie kam zu der Annahme, noch nicht genug zu praktizieren. Sie verstärkte ihr Engagement nochmals, nur um schließlich völlig ausgelaugt und frustriert aufzugeben. In diesem Moment öffnete sich etwas in ihr. Vor lauter Erschöpfung gab sie sich dem hin, was war. »Isso« kam ihr in den Sinn – annehmen, was sich nicht ändern lässt. Damit ließ sie ihren Anspruch los, ihre innere Lage »wegmeditieren« zu wollen. Sie entspannte sich zunehmend, und es fiel ihr immer leichter, mit sich zu sein, auch wenn sie gerade Schmerzen oder viele Gedanken hatte.

Das geht vielen Praktizierenden so. Kaum einer macht ja so einen Kurs, weil er gerade ein neues Hobby braucht. Nahezu jeder lässt sich nur auf diesen intensiven Prozess ein, weil er an etwas leidet. Und Leid muss (so haben wir ja ausreichend gelernt und unser Stresssystem findet das auch) bekämpft werden. Prompt wird die Praxis verkrampft, denn es gilt ein Ziel zu erreichen. In dem Moment sind wir nicht mehr bei uns im Hier und Jetzt, sondern weit weg in Traumvorstellungen eines idealen Lebens, in dem wir nach ausreichender Meditation (Mindstyling), Körpertraining (Bodystyling) und Beheben all unserer Lebensbaustellen

(Lifestyling) perfekt und glücklich sind. »Ent-Täuschung« ist hier vorprogrammiert und notwendig! Kannst du dich noch an die ersten beiden Kurseinheiten der Achtsamkeit erinnern? Da ging es darum, wirklich im Hier und Jetzt anzukommen, und nicht darum, sich aus dem Jetzt (wie auch immer es gerade geartet ist) »wegzuatmen«. Ankommen heißt, sein mit dem, was ist. Wenn das, was ist, gerade Schmerz oder Angst, Wut oder Traurigkeit, Verzweiflung oder Eifersucht ist, dann ist das Jetzt nicht gerade ein gemütlicher Ort. Kaum einer bleibt dort freiwillig. Mitgefühl bedeutet, genau hier zu bleiben, und zwar bei dir. Wenn du flüchtest, lässt du dich im Stich. Die Praxis der Meditation, sei sie auf den Atem oder auf Mitgefühl ausgerichtet, ist die Übung bedingungsloser Freundlichkeit und Loyalität dir selbst gegenüber – es sind keine Optimierungstools!

Wir können gerade alles in unseren Augen vermasselt haben, wir bleiben bei uns. Das ist das Größte, Liebevollste und Freundlichste, was wir für uns tun können. Wir bleiben in unserem persönlichen Brennpunkt sitzen. Der Reflex, sich aus dem Staub zu machen, ist groß, und es braucht am Anfang ganz schön viel Mut von uns, dem nicht nachzugeben. Es ist, als würden wir uns zu einem wütenden Hund setzen, statt vor ihm wegzulaufen.

In der Konsequenz bedeutet das, dass wir durch das Bei-uns-bleiben beginnen, wirklich bedingungslose Freundschaft mit uns zu schließen, und zwar in dem Moment, in dem wir am dringendsten unsere Freundschaft brauchen – statt eine Pseudo-Freundschaft á la *»nur wenn du perfekt bist, dann hab ich dich lieb«* vorzutäuschen. Damit steigen wir aus dem traumatischen Muster unserer Vergangenheit aus, in dem wir nur etwas wert waren, wenn wir uns unseren Wert und die Zuneigung unseres Umfelds durch Perfektion erkämpft hatten.

Wirkliches Mitgefühl ist meist sehr schlicht und sehr pragmatisch: bei uns bleiben, auch wenn es gerade schwierig wird. Wir brauchen keine Lösung zu haben, wir brauchen uns nichts Kluges oder Kultiviertes zu sagen. Wir sind da und stärken uns den Rücken. So wie wir bei einem guten Freund sitzen und wissen würden, dass er gerade eine anstrengende und heftige Zeit durchzustehen hat, jedoch seinen ganz persönlichen Weg schon finden wird. Wir kennen das selbst aus eigener Erfahrung. Die größten Lehrstücke unseres Lebens waren die Momente, in denen wir neue Wege finden mussten, weil die herkömmlichen, gewohnten Herangehensweisen nicht mehr funktionierten. Wir sind da, hören zu, geben bei Bedarf Inspiration und teilen vielleicht auch unsere Beobachtung der Situation, wenn wir gefragt werden – doch wir geben keinen Ratschlag. Wir teilen unsere Kraft mit ihm durch Aufmerksamkeit und Präsenz. Das ist Mitgefühl mit einem Freund. Wir lassen ihn nicht einfach allein. Wir würden ihn vielleicht allein lassen, wenn wir Mitleid hätten, das heißt, wenn wir uns selbst von seinem Leid getriggert fühlten und es nicht aushielten, selbst darunter zu leiden. Schnell werden dann Ratschläge gegeben, wie man das »mal eben schnell« regeln könnte. Doch du weißt so gut wie ich, dass jeder seinen eigenen Weg finden muss. Und genau dasselbe, das Sitzen mit einem Freund, können wir uns auch selbst geben.

Akzeptanz braucht seine Zeit

Doch ist das so einfach? Können wir einfach mit uns bleiben, wenn wir eine schlimme Diagnose bekommen haben, unser Ehepartner oder unsere Lebensgefährtin uns verlassen hat, das Finanzamt das Konto geräumt hat, unsere pubertierende Tochter auf die schräge Bahn gerät oder wir im Job mit massiven Schwierigkeiten zu kämpfen haben? Nein! Es wäre unrealistisch das anzunehmen. Setz dich bitte hier nicht unter Druck, dass du das jetzt sofort hinkriegen musst. Das ist für jeden Menschen unterschiedlich schwer, und wir dürfen uns hier überhaupt nicht mit anderen vergleichen. Schon Søren Kirkegaard sagte: »*Der Ursprung allen Unglücklichseins ist der Vergleich mit anderen.*« Große Umstände brauchen große Übung, und nicht zu vergessen: Wir brauchen Zeit, um uns mit einer Situation anzufreunden. Das wird klar, wenn wir uns bewusst machen, dass eine Veränderung in unserem Leben immer auch einen Anpassungsprozess erfordert. Neuronale Netzwerke müssen sich umschalten. Wie alles in der Natur brauchen diese Veränderungs- und Anpassungsprozesse in uns Zeit. Wenn wir freundlich und großzügig mit uns umgehen und uns nicht noch zusätzlich unter Druck setzen, können wir zu diesen Prozessen beitragen. Aktives Selbstmitgefühl liegt hier darin, übertriebene Strenge und Selbstkritik zu vermeiden.

Akzeptanz ist das Schlüsselwort, doch auch die geht in mehreren Schritten vonstatten. Es ist ganz normal, dass wir erst einmal mit Abwehr und dem Drang zu flüchten reagieren. Manchmal geben wir dem nach, doch früher oder später müssen wir uns dem stellen, was ist. Dann beginnen wir uns mit der neuen Lage auseinanderzusetzen. Wir gehen ins Internet und informieren uns über die Erkrankung, wir kaufen uns Beziehungs- oder Erziehungsratgeber usw. Langsam gewöhnen wir uns an die Situation. Sie ist uns nicht mehr fremd, und auch wenn wir sie immer noch nicht in unserem Leben haben wollen, beginnen wir sie zu tolerieren. Dann suchen wir uns vielleicht auch jemanden, mit dem wir über das, was sie in uns bewegt, sprechen können. Wir erlauben es uns, dass die neue Situation Einfluss auf uns hat und auch ganz natürliche Gefühle in uns auslöst, mit denen wir umzugehen lernen müssen. Es braucht eine Weile, bis wir irgendwann erkennen, dass diese vertrackte Situation uns hilft, uns weiterzuentwickeln. Den verborgenen Sinn und Wert erkennen wir meist erst im Nachhinein, wenn alle vorangegangenen Prozesse abgeschlossen sind. Sie laufen ganz natürlich in uns ab und sind fließend in ihrem Übergang. Ja, manchmal drehen wir auch immer wieder mal Rückwärtsschleifen. Es ist, als würden wir auf tieferer Ebene noch mal etwas klären müssen, bevor wir dann in unserer Entwicklung weitergehen können.

Mit folgender Meditation kannst du dich in Selbstakzeptanz üben. Probiere sie einfach aus und schau, was passiert. Sollte dies aktuell nicht dein Thema sein, kannst du damit gerade vielleicht nichts anfangen. Hör es dir trotzdem einfach mal an. Vielleicht gibt es ja auch etwas ganz Kleines, was dich gerade an dir stört. Es braucht ja nicht immer direkt ein großes Thema zu sein. Solltest du jedoch gerade etwas haben, mit dem du tatsächlich haderst, dann sei bitte geduldig mit dir, es braucht nicht sofort zu klappen. Erinnere dich: Die Selbstakzeptanz ist ein Prozess, der einfach seine Zeit braucht. Er ist kein Knopf, den wir drücken können, oder ein Schalter, der umgelegt wird. Mach es dir bitte wieder so gemütlich und sicher wie möglich. Auch diese Meditation kannst du gerne auf der Couch oder deinem Lieblingssessel machen, wenn du nicht auf deinem Meditationsplatz üben möchtest. Viel Freude!

Die Selbstakzeptanz-Meditation

Mach es dir auf deinem gewählten Platz gemütlich. Spüre den Boden unter dir, wie er dich trägt und hält. Vielleicht spürst du in dir noch die vorangegangene Aktivität oder Unruhe. Gib dir Zeit, auf deinem Platz anzukommen. Erlaube deinem Körper, eventuell vorhandene Spannung mit dem Ausatmen langsam schrittweise loszulassen … Atemzug für Atemzug lockerlassen. Alles darf nach unten sinken … Spüre, wie du immer tiefer in die weiche Unterlage sinkst. Der Boden trägt dich. Du brauchst nichts zu tun. Alles geschieht von selbst. Dein Atem fließt. Lass ganz sanft deine Aufmerksamkeit auf deinem Atem ruhen. Er ist deine Konstante, die dich ganz sanft und beständig in der Gegenwart hält. Dies ist deine Zeit … Zeit für dich.

Nachdem du nun angekommen und vielleicht auch etwas zur Ruhe gekommen bist, bemerke, wie es dir im Moment geht. Gibt es etwas, worunter du gerade leidest? Bist du vielleicht unruhig oder ängstlich, ärgerlich oder traurig? Hast du Sorgen, Schmerzen oder anderes Unwohlsein? Gibt es etwas, was du an dir nicht magst oder was dich an dir ärgert? Was auch immer gerade dein Zustand ist, erlaube dir, dass es jetzt so sein darf.

Lege dir eine oder auch beide Hände auf deinen Herzraum und erlaube dir, die Berührung und die Wärme deiner Hände zu spüren. Und nun sprich sanft und freundlich innerlich zu dir: »Ja, ich sehe mich! Ich fühle mich! Ich erkenne mich in diesem Moment des Leidens an, wie ich jetzt gerade bin. Es darf so sein, wie es gerade ist! Möge ich freundlich und mitfühlend mit mir umgehen.«
Nun atme bewusst tief aus. Lass locker. Löse noch mal die Muskeln deines Körpers, wenn sie sich gerade angespannt haben. Wenn du willst, wiederhole die Worte und das anschließende tiefe Ausatmen noch mal.

Dann lass es noch etwas wirken. Bleib einfach sitzen und spüre nach. Spüre einfach deinen Atem und lass deinen Körper sich mit dem Ausatmen immer tiefer entspannen.

Wenn du die Meditation beenden möchtest, nimm einen tiefen Atemzug, reck und streck dich, und wenn dann alle Körperteile wieder gut durchblutet und einsatzfähig sind, dann stehe langsam und behutsam wieder auf.

Selbstakzeptanz während des Alltags üben

Wann immer du bemerkst, dass du von dir etwas einforderst, was aktuell einfach deine Fähigkeiten übersteigt, dich unter Druck setzt, du Angst hast, traurig bist oder irgendeine andere emotionale Schwierigkeit erlebst, dann übe dich möglichst sofort, wenn du es bemerkst, in Selbstakzeptanz. Damit stoppst du den Impuls, hart mit dir ins Gericht zu gehen und dich hineinzusteigern. Das nimmt der Situation die Schärfe und erleichtert dir die an sich schon schwierige Situation immens. Die Übung des Atemraums kann dir helfen, in dem Moment, in dem du gerade leidest, eine kurze Bestandsaufnahme zu machen. Mit der Zeit wirst du immer schneller erkennen, wenn du dich festfährst oder unter irgendeiner Befindlichkeitsstörung leidest. Du kannst dir, wenn du magst und es in der Situation machbar ist, deine Hände auf deinen Herzraum legen und zu dir wohlwollend sagen: »*Ich sehe mich! Ich fühle mich! Ich erkenne mich in diesem Moment an, wie ich jetzt gerade bin. Es darf so sein, wie es gerade ist! Möge ich wohlwollend, freundlich und mitfühlend mit mir umgehen*« oder etwas Ähnliches.

Nun schau, was brauchst du jetzt in diesem Moment:

vielleicht eine Pause, einen Tee, einen kleinen Spaziergang oder ein Gespräch mit einem guten Freund. Dann sorge dafür, dass du es bekommst. Manchmal reicht es aber auch schon, sich selbst so anerkannt zu haben, und es ist vollkommen stimmig, danach mit den anstehenden Aufgaben weiterzumachen. Wahrscheinlich wirst du dich mehr bei dir fühlen, während du dich vorher eher »außer dir« gefühlt hast.

Deine Übungen für die sechste Woche:

- *Übe die Mitgefühls- und Selbstakzeptanz-Meditation an sechs Tagen im Wechsel – du kannst sie wieder mit der Atemmeditation kombinieren, indem du einfach die stille Zeit selbständig deinem Bedarf anpasst.*
- *Übe Body-Scan oder Yoga, wann immer du magst (entscheide jeweils, welches von beiden dir gerade lieber ist oder in der Situation stimmiger erscheint).*
- *Übe dich informell im täglichen Leben in Selbstakzeptanz, wann immer du bemerkst, dass es dir nicht gutgeht oder die Situation schwierig für dich wird.*

Woche 7

Sich selbst guttun

Indem wir uns von Anhaftungen lösen und zugleich Mitgefühl und Vertrauen entwickeln, kommt der Geist in natürlicher Entsagung von selbst zur Ruhe.
                                          Gendün Rinpoche

Hey, du hast es fast geschafft! Nun bist du schon in der siebten Woche! Das ist großartig! Wie hat sich in der vergangenen Woche deine Übungspraxis gestaltet? Übst du noch beides, Yoga und Body-Scan, oder hast du mittlerweile einen »Liebling«? Wie hat sich die Übung der Selbstakzeptanz auf dich ausgewirkt?

In dieser Woche geht es darum, wie du für dich selbst sorgen kannst, wenn die Wellen hochschlagen. Nein, ich möchte dir hier keine guten Tipps geben, dass du gesund essen, früh ins Bett oder mehr Sport treiben sollst. Das weißt du wahrscheinlich schon alles. Und auch wenn das bestimmt alles super gesund und hilfreich ist, weißt du selbst, wie schwer es ist, genau das umzusetzen, wenn es einem nicht gutgeht und man es eigentlich genau dann am dringendsten bräuchte. Stimmt's? Irgendwie ist da eine Kraft am Werk, die dich eher auf der Couch festhält, dich zum Kühlschrank treibt, zur Tafel Schokolade greifen oder in exzessivem Onlineshopping schwelgen lässt, obwohl du dir geschworen hast, das nicht mehr zu tun. Doch du warst so traurig und brauchtest als Ausgleich ein schönes Erlebnis, oder du fühltest dich einsam, und die Tafel Schokolade war gerade in

Griffnähe. Halt! Hättest du zur Schokolade gegriffen, wenn du ausgeglichen gewesen wärst? Wahrscheinlich nicht. Es sind unsere starken, als unangenehm empfundenen Emotionen, denen wir erliegen und von denen wir wider besseres Wissen unsere guten und gesunden Vorsätze über den Haufen schmeißen lassen. Sie können für uns zu einer Stolperfalle im mitfühlenden Umgang mit uns selbst werden, wenn wir nicht gelernt haben, mit ihnen konkret umzugehen.

Diese starken, unangenehmen Emotionen tauchen immer dann auf, wenn wir in Stressprozessen sind und/oder uns gedanklich in etwas reinsteigern. Und was passiert dann? Genau, unsere alten Sicherungsmuster tauchen wieder auf und machen es uns schwer, für uns angemessen zu sorgen. Da kannst du so viele Ernährungs- und Sportratgeber gelesen haben, wie du willst, ohne dass es dauerhaft etwas bringen würde, da die Selbstsabotagemuster immer wieder greifen, wenn du unter emotionalen Stress gerätst. Von daher ist es wichtig, dass du dich vertraut machst mit deinen emotionalen Regungen und Handlungsimpulsen und lernst, mit ihnen so umzugehen, dass du nicht mehr genötigt bist, den alten destruktiven Mustern zu folgen.

Selbstreflexion

Halt mal einen Moment inne und schau dir an, wie du deine Emotionen lebst. Bist du ein sogenannter »emotionaler Mensch«? Nimmst du dir viel zu Herzen, oder prallen die Welt und ihre Belange eher an dir ab? Versuchst du die Emotionen möglichst zu unterdrücken, so dass andere nicht mitbekommen, was in dir geschieht, oder lebst du sie expressiv aus, vielleicht indem du weinst, anklagst oder jammerst? Wenn du starke Gefühle hast, kannst du sie klar benennen, voneinander unterscheiden, und kennst du ihre Auslöser? Oder ist das für dich alles fremd, diffus, bedrohlich, und du möchtest dich eigentlich gar nicht damit auseinandersetzen? Sind Gefühle für dich etwas Gutes oder eher Schlechtes? Hast du Angst, zu einem unemotionalen kühlen oder stumpfen Wesen zu werden, wenn du dich mit dem Umgang mit diesen starken Energien beschäftigst? Dann lass uns doch mal schauen, ob wir das nicht ein wenig geklärt kriegen, und betrachten, was es für Wege gibt, deine natürliche, authentische Lebendigkeit zu erhalten oder sogar zu fördern, doch ohne in Leid erzeugenden Prozessen gefangen zu sein.

Sinn und Zweck unserer Gefühle

Gefühle sind nicht prinzipiell negativ oder positiv zu bewerten, auch wenn wir sie je nach Art angenehm oder unangenehm empfinden. Vielmehr geht es darum, zu erkennen, ob sie uns gerade helfen, mit der aktuellen Situation angemessen umzugehen oder nicht. Wut, Ärger, Angst, Freude und Trauer gehören zu unserem Menschsein dazu. Sie ermöglichen es uns, passende Reaktionsweisen in uns zu mobilisieren, mit denen wir Grenzen ziehen und halten (Ärger, Wut), Lebenslust und Vitalität leben (Freude), Bindungen eingehen (Liebe, Zuneigung), uns in Sicherheit bringen (Angst) oder Vergangenes abschließen (Trauer). Manche von uns haben jedoch erlebt, dass bestimmte Gefühle und ihr gelebter Ausdruck im Umfeld nicht gerne gesehen wurden. Das führte dazu, die natürlichen, vitalen Gefühle zu unterdrücken, beispielsweise statt Trauer zuzulassen und auszudrücken, selbst unter Tränen immer noch zu lächeln,

Liebe nicht mehr zu spüren oder sie durch Aggressivität abzuwehren, oder ganz schläfrig statt wütend zu werden. Durch Ersatzhandlungen wie essen (insbesondere bei Trauer, Einsamkeit oder Frustration) lernten wir sie zu betäuben. Doch authentisch und stimmig mit all unseren Gefühlen umzugehen, sie zuzulassen und angemessen und gerade auszuleben haben die wenigsten wirklich gelernt. Und so wirken Gefühle und emotionale Zustände bisweilen auf uns bedrohlich, und die verzerrten Reaktionsweisen führen im zwischenmenschlichen Bereich zu Missverständnissen und Problemen. Diese als unangenehm und verstörend empfundenen emotionalen Zustände zu betäuben oder uns in Ersatzhandlungen zu flüchten scheinen die einzige Möglichkeit zu sein, mit der Belastung irgendwie klarzukommen. Und so kommt es immer wieder zur Sabotage unserer guten Vorsätze. Wenn wir also wirklich selbstmitfühlend und heilsam mit uns umgehen wollen, werden wir wohl nicht umhinkommen, uns unseren Gefühlen und emotionalen Regungen mit Bewusstheit zu widmen und einen gesünderen Umgang mit ihnen zu finden. Wir sollten konstruktive von toxischer Emotionalität, mit der wir uns nur selbst quälen, unterscheiden lernen und Letztere auflösen. Mit toxischen Emotionen meine ich destruktive emotionale Aufschaukelungsprozesse, die unseren Körper übermäßig und teilweise schon dauerhaft mit Stresshormonen belasten und auf Dauer unseren Organismus schädigen sowie auch in unserem Leben tiefe Spuren hinterlassen. Toxische Emotionen entstehen, indem wir vergangene oder auch zukünftige Situation im Geiste in unendlicher Wiederholung durchspielen, uns in Negativ-Szenarien reinsteigern, immer aufgewühlter werden und uns nicht mehr beruhigen können. Sie verzerren vollkommen unsere Wahrnehmung, bis alles uns drängt, teilweise recht irrationale und oft auch sehr schädigende Handlungen zu vollziehen, nur damit es zu einer kurzen Spannungsentlastung durch Kompensation oder Ausagieren kommt und endlich (zumindest kurz) dieser Schmerz aufhört. Doch wenn wir diesen Impulsen reaktiv nachgeben, wird alles ja meist noch schlimmer. Wir müssen also lernen, auch damit einen heilsamen Umgang zu finden, sonst werden wir nie frei von destruktivem Verhalten und möglicherweise irgendwann auch krank. Alles, was du in den letzten Wochen gelernt hast, wird dir nun hierbei helfen, den toxischen Prozess zu durchbrechen.

Emotionen meditativ begegnen

Emotionen sind nicht einfach nur der Palette der menschlichen Grundgefühle wie Begierde, Wut, Angst, Trauer oder Freude entnommen. Emotionen sind weitaus mehr. Sie beinhalten meist unbewusst ablaufende gedankliche Prozesse wie Schwelgen, Ausschmücken, Dramatisieren, Herunterspielen oder Interpretieren, die wiederum Ableitungen der Grundgefühle in uns hervorrufen wie beispielsweise Scham, Eifersucht, Neid, Verlustangst oder auch Vorfreude und begehrliche Lust. Es entsteht eine Feedback-Schleife zwischen Gedanken, Hormonausschüttungen und körperlichen Empfindungen und Reaktionen sowie der Veränderung unserer Energie (Kraftzuwachs oder Schwäche) und der Auslösung von Handlungsimpulsen. Mit Emotionen bezeichnen wir also einen hochkomplexen ineinandergreifenden Ablauf auf körperlicher, seelischer und energetischer Ebene, der unser Erleben und Handeln prägt. Er bewegt uns stark. Nichts davon ist prinzipiell gut oder schlecht. Manches wirkt auf uns angenehm, manches unangenehm. Vielmehr liegt es in unserer Beobachtung, ob diese Zustände uns wirklich helfen, kraftvoll, angemessen und bewusst zu leben, oder ob wir lediglich ihrem Zwang erliegen und uns und/oder anderen damit schaden.

Du hast bereits in den letzten Wochen erlebt, was für eine Auswirkung Gedanken auf deine emotionalen Zustände haben. Es reicht aus, dir eine Situation vorzustellen, und schon reagiert dein Organismus, schüttet die dazu passenden Hormone aus und löst neben den dazugehörigen Gefühlen auch körperliche Reaktionen aus, wie beispielsweise erhöhte Muskelspannung oder Herzklopfen. Du hast durch den Body-Scan gelernt, dich zu zentrieren und deine Körperempfindungen schlicht zu beobachten. Du hast durch die Atemmeditation gelernt, dich aus Gedankenketten zu befreien, und durch das offene Gewahrsein gelernt, dich mit der flüchtigen Natur der Gedanken vertraut zu machen und dich in den Raum zu entspannen. Du hast gelernt, den Atemraum zu nutzen, um dir bewusst zu werden, was gerade bei dir passiert. Außerdem hast du dich darin geübt, für deine wohlige Sicherheit zu sorgen, dich durch Selbstberührung und liebevolle Wünsche zu beruhigen. Dies alles fließt nun zusammen. Dies alles hat wahrscheinlich schon eine gewisse emotionale Bewusstheit und Ausgeglichenheit bei dir bewirkt. Die Erfahrung und die Übungspraxis der letzten Wochen geben dir nun die Sicherheit, dich auch deinen Emotionen noch einmal besonders widmen zu können, um deiner Fähigkeit, mit dir mitfühlend und fürsorglich umzugehen, den letzten Schliff zu geben. Die nun folgende Meditation hilft dir dabei, dich darin zu schulen. Du bekommst darin die Gelegenheit, deine emotionalen Regungen etwas mehr zu erforschen und die körperliche Ausprägung einer Emotion als deinen Anker im Hier und Jetzt nutzen zu lernen, um den üblichen, automatisch ablaufenden Aufschaukelungsprozess zu beenden oder zumindest abzuschwächen. Wichtig zu wissen: Es geht nicht darum, deine natürlichen, vitalen Gefühle zu unterdrücken, sondern zu lernen, wie du eine übermäßige emotionale Belastung regulierst, ohne sie mit Ersatzhandlungen zu unterdrücken oder zwanghaft ausagieren zu müssen. Wenn du dich mit der Dynamik deiner Emotionen – im Zusammenspiel deiner Gedanken (beispielsweise Schwelgen im Drama), körperlicher Ausprägung und emotionaler Reaktionsweise – mehr und mehr vertraut machst und lernst, den emotionalen Prozess »leerlaufen« zu lassen, verlieren selbst starke, belastende Emotionen mit der Zeit ihre Bedrohlichkeit. Es wird dir dann leichterfallen, Gefühle und Emotionen zuzulassen und auszuhalten. So brauchst du emotionalen Handlungsimpulsen nicht mehr automatisch zu folgen und kannst die mobilisierte Energie, wenn notwendig, stimmig und heilsam kanalisieren. Das befreit dich aus dem Zwang, dich unkontrolliert abzureagieren, die Energie gegen dich zu wenden oder dich zu betäuben. Wenn du dich also das nächste Mal vorm Kühlschrank wiederfindest und darin deine Ausgeglichenheit oder dein Wohlgefühl suchst, geh vielleicht erst einmal auf deinen Meditationsplatz.

Für die nun folgende Meditation mach es dir bitte wieder so gemütlich wie möglich. Solltest du gerade sehr entspannt sein und keine aktive unangenehme Emotion in dir haben, dann erinnere dich zum Üben an eine kleine alltägliche Situation, in der du dich heute oder gestern etwas geärgert hast. Bitte nimm zum Üben grundsätzlich erst einmal nur kleine Themen. Die großen Themen unseres Lebens brauchen wirklich mehr Übung. Achte da bitte auf dich! So, und nun viel Freude!

Meditation mit schwierigen Emotionen

Mach es dir in deiner Lieblings-Meditationshaltung bequem und gib dir etwas Zeit, auf deinem Platz anzukommen. Spüre den Boden unter dir. Vielleicht auch die Wärme deiner umgelegten Decke. Löse nach und nach eventuell vorhandene Spannungen in deinem Körper.

Nun richte deine Aufmerksamkeit auf deinen Atem, fühle ihn bewusst an deiner Lieblings-Atemstelle und erlaube deinem Geist, zur Ruhe zu kommen. Vielleicht ist gerade viel los in deinem Kopf oder weniger, ganz gleich. Lass deine Gedanken einfach vorbeifließen, während du beim Atem verweilst.

Nachdem du nun bei dir angekommen bist, bemerke, wie es dir in diesem Augenblick geht. Gibt es vielleicht gerade in dir eine Emotion, die dich beschäftigt, einen psychischen Schmerz – Angst, Verlassenheit, Trauer oder Wut? Auch wenn es sich unangenehm anfühlt, erlaube dir, diese Emotion für diese Übung so weit wie möglich zuzulassen, um zu lernen, mit deinen Gefühlen auf achtsame und mitfühlende Art umzugehen.

Werde dir bewusst, was es für eine Emotion ist. Ist es Trauer, Ärger, Eifersucht, Wut oder Angst? Erlaube dir, ganz gleich, was gerade für Emotionen auftauchen, dass du sie fühlen darfst. Es darf so sein, wie es ist. Du darfst dich wütend und durcheinander fühlen, du darfst dich traurig, verletzt, verwirrt oder einsam fühlen. Das gehört zu unserem Menschsein dazu. Es ist nichts daran verkehrt oder schlecht. Es sind nur Hinweise deines Körpers und deiner Psyche über deinen momentanen Zustand.

Es ist verständlich, wenn du sie loswerden möchtest, doch statt sie wie üblich zu überspielen, zu unterdrücken oder auszuagieren, versuch jetzt bitte mal etwas anderes. Wende dich der Emotion mit einer neugierigen, freundlichen und wohlwollenden inneren Haltung zu. Da Emotionen meist recht gut körperlich spürbar sind, schau mal, wo du sie im Körper gerade wahrnehmen kannst. Finde heraus, wie sich die Emotion in deinem Körper ausdrückt. Vielleicht spürst du sie als einen Kloß im Hals, ein Engegefühl im Brustraum, ein Flirren in der Magengegend, Druck im Kopf, Schwere auf den Schultern oder Tränen in den Augen. Verweile nun mit deiner Aufmerksamkeit an der Stelle, an der du die stärkste Körperempfindung hast, spüre sie bewusst und atme. Bleibe bei der Empfindung. Es mag sein, dass deine Aufmerksamkeit immer wieder von auftauchenden Szenarien im Kopf und emotionalen Selbstgesprächen abgelenkt wird, lass dies nicht zu. Löse dich immer wieder aus den auftauchenden Bildern, Grübeleien und inneren Monologen und wende dich entschieden mit voller Aufmerksamkeit dem reinen Fühlen zu. Halte die Empfindung sanft in deiner Aufmerksamkeit. Erlaube dir, sie zu fühlen. Beobachte aufmerksam, was passiert, wenn du die Emotion nicht weiter mit Gedanken und Bildern nährst ... Verändert sie sich? Wird sie vielleicht durch eine andere abgelöst, wird sie schwächer, oder löst sie sich auf? Was auch immer in dir geschieht, bleibe bei dir, in einer annehmenden, wohlwollenden, offenen und liebevoll interessierten inneren Haltung, sanft verbunden mit deinem Atem.

Sobald du merkst, dass du abschweifst und die Emotion für dich ihre Massivität und Wichtigkeit verloren hat, kehre zurück zu deinem Atem. Fühle deinen Atem eine Weile und erlaube dir, bei deinem Atem ein wenig Pause zu machen, einfach nur zu sein. Wenn du magst, kannst du dir zusätzlich deine Hände auf deinen Herzraum legen, die Berührung spüren und zum Abschluss noch ein paar heilsame Wünsche für dich formulieren. Wünsch dir, was immer du brauchst: Frieden, Beruhigung, Glück, Leichtigkeit, Sicherheit.

Nun beende die Meditation, reck und streck dich und löse deine Sitzhaltung langsam und vorsichtig wieder auf. Bewahre dir die Erfahrung der Meditation, solange es dir möglich ist.

Bei dir bleiben – Muße und Stille kultivieren

Nun gibt es noch einen weiteren Bereich, der wichtig für unsere Selbstfürsorge ist: Muße. Ein heute schon ziemlich antiquierter Begriff, der nichts anderes meint, als bewusst entspanntes und waches Dasein zu kultivieren, und das braucht noch nicht einmal besonders viel Zeit. Gerade wenn du sehr viele Aufgaben zu erfüllen, eine Familie, einen anstrengenden und zeitaufwendigen Job und vielleicht auch noch pflegebedürftige Eltern hast, kann das sehr praktisch sein. Denn bei aller Fülle an Aufgaben behaupte ich trotzdem, dass es immer auch kleine Lücken im Laufe des Tages gibt, die wir zum Verschnaufen nutzen können, in denen wir das Leben wieder zu uns einladen können, die wir jedoch meist eher dazu nutzen, auf Facebook zu gehen, uns Sorgen zu machen, ziellos von einem Fernsehkanal zum anderen zu zappen oder die Zeit mit immerwährender Pseudoproduktivität zu verbringen. All das ist nichts anderes als Ablenkung, eine produktiv getarnte Flucht, dir nicht zu gestatten, einen Moment lang aus dir heraus einfach so existieren zu dürfen. Vielleicht weil dich in Momenten der Stille deine Emotionen einholen. Da du nun Werkzeuge hast, mit ihnen umzugehen, wird es dir zunehmend möglich sein, dich auch in Muße zu üben.

Dich in Muße zu üben ist die Kunst, wirklich mit dir, bei dir in dem gegenwärtigen Moment präsent zu sein. Während die produktiv getarnte Flucht eine permanente Abwertung und Abwehr dir gegenüber darstellt, ist die Kultivierung der Muße gelebtes Bei-dir-Sein, gelebtes Selbstmitgefühl. In diesen Momenten hörst du auf, nach alten Glaubenssätzen zu funktionieren, die dir die ganze Zeit einreden, dass du nichts wert bist oder etwas Schlimmes passiert, wenn du nicht dauernd zweckgerichtet und produktiv bist. Die Übung in Muße ist nun ein weiterer Akt, dich von selbstschädigendem Verhalten zu befreien und selbstbestimmt für dich zu sorgen und dich zu regenerieren.

Die Heilkraft des Verzichts

Wir brauchen als Menschen Stille und Muße. Erst wenn wir still werden, können wir uns selbst (zu-)hören. Stille Momente wirken in unserer stark reizüberfluteten Welt so selten wie Perlen. Nicht immer finden wir sie. Und doch können wir dafür sorgen, dass wir mehr Stille und Muße in unserem Leben erleben, indem wir uns in heilsamem Verzicht oder auch Abstinenz üben. Oh, das hört sich jetzt nach Kargheit, Askese und wenig Spaß an, magst du wohl denken. Im Endeffekt bedeutet es aber, dass wir bewusst entscheiden, woran wir teilnehmen und woran nicht. Wenn du beispielsweise nach einigen Versuchen bemerkt hast, dass du eine bestimmte Speise nicht verträgst, dann isst du sie nicht mehr. Warum auch? Du verzichtest bewusst auf etwas, was dir nicht guttut. Wenn du bemerkst, dass dir die Dauerberieselung mit Radiogeplapper auf die Nerven geht, schaltest du das Radio aus. Du verzichtest somit bewusst auf das Radiohören. Du entscheidest dabei selbst, ob und wie lange du Radiohören oder Stille haben möchtest. Heilsamer Verzicht ist kein selbstquälerischer Akt, bei dem wir uns etwas versagen, was uns wirklich guttut, sondern es ist der kluge, bewusste Verzicht auf das, was uns nicht guttut oder gar schädigt. Das kannst du auf alles ausweiten, nicht nur auf Reizüberflutung, zum Beispiel auf Lebens- und Genussmittel, Beziehungen und Freundschaften, sportliche Aktivitäten, Idealvorstellungen, Medien, Lebensumstände und vieles mehr. Wahrscheinlich hast du in den letzten Wochen so einiges in deinem Leben gefunden, was dir nicht guttut und was sich für dich nicht mehr stimmig anfühlt. Nicht alles wirst du beeinflussen können, aber wahrscheinlich viel mehr, als dir bisher bewusst war.

Wahrscheinlich hast du schon begonnen, das eine oder andere ganz automatisch anders zu machen, oder dich bewusst entschieden, auch mal etwas zu unterlassen, dem du früher einfach unreflektiert nachgegangen bist. Keiner verlangt von dir, dein Leben auf einen Schlag komplett zu verändern, das würde deinen Organismus wahrscheinlich auch in ziemlichen Stress versetzen. Dennoch wirst du wahrscheinlich jetzt das Zutrauen und den Mut haben, dir mehr Raum zuzugestehen und nicht mehr an allem teilzunehmen und dich nicht mehr um alles zu kümmern, wie es früher der Fall war. Und schon entsteht Raum. Raum, in dem du bewusst innehalten und einfach mal sein darfst, vielleicht nur kurz für einen Atemzug oder ein paar Minuten. Einfach sein, nichts tun, während die Welt sich um dich weiterdreht.

Wenn möglich, und wenn du magst, etabliere jeden Tag kurze Mußezeiten. Vielleicht am frühen Morgen, bevor dein Tag startet, oder am späten Abend, bevor du schlafen gehst. Sitz dann einfach auf deinem Lieblingsplatz und tu nichts. Schau zum Fenster hinaus in den Himmel oder lass deinen Blick ins Leere gehen. Lass Gedanken kommen und gehen, nur folge ihnen nicht, das heißt: Denke nicht aktiv nach. Lass die Impulse aufsteigen und wegziehen wie die Wolken am Himmel. Sitz mit dir, erlaube dir einfach mal für einen kleinen Moment zu sein. Mehr nicht. Du brauchst noch nicht einmal deinen Atem zu fühlen oder zu meditieren. Einfach mal nichts tun. Damit du dich daran gewöhnen kannst, beginne mit einem kurzen Moment, vielleicht ein bis drei Minuten, und erweitere diese Zeitspanne dann mit wachsender Gewöhnung, so wie es sich stimmig für dich anfühlt und praktikabel für deinen Alltag ist. Alternativ oder zusätzlich kannst du gerne damit experimentieren, dir während des Tages immer mal wieder kurze Momente der Muße von wenigen Atemzügen zu gönnen.

Im Alltag Stille finden

Stille meint nicht die vollkommene Abwesenheit von Geräuschen, das wird auch der beste Ohrstöpsel nicht schaffen. Es wird immer etwas da sein, und sei es das Rauschen deines eigenen Blutes in deinen Ohren. Es ist mehr das unabgelenkte Sein inmitten hörbarer Stille, die nicht durch dauernde künstlich erzeugte Informationsberieselung übertüncht wird. Die Stille, die sich in dir ausbreiten kann, trotz

Motorbrummens, des Lachens der Kinder auf dem Spielplatz, des Windes in den Bäumen, des Regens, des ständigen Rauschens der Stadt. Stell dir vor, die Stille wäre wie ein See und die Geräusche der Welt wie der Wind, der mal stärker, mal schwächer bläst und die Oberfläche des Sees sanft kräuselt oder kleine Wellen verursacht. Der Input der modernen Medien- und Arbeitswelt wirkt im Gegensatz dazu auf uns häufig wie ein Steinhagel, der die Wasseroberfläche durchbricht und das Wasser in Aufruhr bringt. Diese Steine kräuseln nicht nur die Oberfläche, sondern sie durchschlagen sie, sinken bis tief auf den Grund und hinterlassen dort größere und kleinere Erschütterungen. Mit diesem Bild möchte ich verdeutlichen, was die kontinuierliche Informationsflut mit uns macht. Sie versetzt uns in einen latenten, mehr oder weniger stark ausgeprägten Dauerstresszustand, denn unser Organismus versucht, alle Informationen und ihre Botschaft zu entschlüsseln, zu verarbeiten und darauf zu reagieren.

Stille im Alltag zu finden bedeutet also nicht, Geräusche auszuschalten, sondern den Informationshagel einzudämmen oder gezielt auszuschalten, so dass unser Organismus mal zur Ruhe kommen kann. Wie kann das gehen? Nun, ich möchte hier keine klugen Ratschläge geben, du wirst sicher wissen, auf was du verzichten möchtest. Ich kann dich nur ermutigen, dir einfach mal für die kommende Woche eine einzige Sache auszusuchen, auf die du versuchst bewusst zu verzichten. Wenn du magst, kannst du das nach und nach auch auf anderes ausdehnen. Geh behutsam und schrittweise vor. Dein Organismus und auch dein Umfeld brauchen Zeit, mitzuwachsen. Kleine, schrittweise Veränderungen lassen sich leichter umsetzen und leben, sonst ist die Gefahr zu groß, sich und das Umfeld mit all dem »Guten« zu überfordern und schließlich wieder in alte Muster zurückzukehren, weil der Gegenwind zu stark war oder weil du dich selbst überfordert hast. Du entscheidest über dein stimmiges Maß.

Es gab in meinem Leben eine Zeit, da gönnte ich mir überhaupt keinen Freiraum. Alles war präzise durchgetaktet. Nach meinem Zusammenbruch begann ich mich darauf einzulassen, morgens für eine halbe Stunde einfach nur untätig in meinem Sessel zu sitzen und zum Fenster rauszugucken. Anfänglich war das ganz schön schwer. Der Drang war groß, wenigstens die Zeit zum Lesen zu nutzen (Information) oder schon mal die E-Mails zu checken (Information und sinnvolle Betätigung). Dann begann mein Geist einen Plan für den Tag und alle Eventualitäten aufzustellen. Auch das unterband ich, was überhaupt nicht leicht war. Mit der Zeit gewöhnte ich mich an diese stille Zeit, und sie tat mir gut. Mein Gemüt wurde ruhiger, fühlte sich weniger gehetzt an, und ich begann es zu genießen, die Morgendämmerung zu betrachten und einfach nur mal zu sein, zumindest für diesen Moment. Mit der Zeit hat sich das auf mein ganzes Leben ausgewirkt. Früher waren Wartesituationen wie im Stau, an Ampeln, im Wartezimmer beim Arzt, an Bus- oder Bahnhaltestellen für mich Stressmomente. Sie fühlten sich uneffektiv an. Gerade wenn der Tag sehr durchgetaktet ist und man alles gern unter Kontrolle hat, bleibt Stress in solchen Momenten nicht aus. Erst als ich meine Einstellung zu diesen teilweise unfreiwilligen Wartesituationen veränderte, veränderte sich auch etwas in meinem Empfinden. Ich übte mich darin, diese Zeiten als Pausenzeiten willkommen zu heißen, und mit der Zeit kam ich mittendrin im vermeintlichen Chaos zur Ruhe.

Zeitlücken und Wartesituationen nutzen

In all diesen unvorhergesehenen und meist auch nicht sofort veränderbaren Situationen haben wir meist nur die Wahl, ob wir uns stressen lassen oder ob wir diese Zeit nutzen, um zur Ruhe zu kommen und Pausen zu machen. Das eine zehrt, das andere nährt. Das kann für unser Wohlbefinden und unsere Kraft einen großen Unterschied machen, auch für die anschließenden Situationen. Achtsamkeit und Mitgefühl helfen uns, unsere Chance zu erkennen und sie zu nutzen. Nur für uns. Das ist geschenkte Zeit. Sie ist eh da, ob wir sie jetzt mit Ärgern, E-Mails-Checken oder durch Muße nutzen, ist unsere Wahl. Wenn wir wissen, was uns hilft, uns zentriert und kraftvoll zu fühlen, können wir entsprechend mit uns umgehen. Vergleiche dich nicht mit einer schrägen Norm. Nur weil alle anderen Zeitung und Zeitschriften lesen, mit dem Smartphone durchs Internet surfen, überall und zu aller Zeit erreichbar sind, brauchen wir das nicht auch zu machen. Du darfst aufhören, dich zu stressen oder zu schädigen. Du darfst für dich und dein Wohlbefinden sorgen und es auch genießen. Lass die anderen in ihrem Hamsterrad laufen, wenn sie das mögen. Du hast jeden Moment die Freiheit, daran teilzunehmen oder für diesen Moment einfach mal genüsslich Pause zu machen. Das ist Selbstmitgefühl in Aktion – oder in dem Fall bewusste Nicht-Aktion.

Werde ich jetzt egoistisch?

Lass dich nicht irritieren. Es kann gut sein, dass es manchen Menschen in deinem Umfeld nicht gefällt, wenn du nun auf dich achtest und nicht mehr alles so machst, wie alle anderen es für gewöhnlich tun. Möglicherweise fühlen sie sich bedroht, weil du nun unbequemer und unberechenbarer für sie wirst. Nicht selten taucht dann der übliche Vorwurf auf: »Du bist aber egoistisch!« Das triggert wieder die Angst, nicht zu genügen, nicht richtig zu sein und aus der Gemeinschaft ausgeschlossen zu werden. Doch Selbstmitgefühl ist das Gegenteil von Egoismus. Du übernimmst lediglich Verantwortung für dich, hörst auf, dich kompensatorisch zu schädigen, nimmst Abstand davon, andere für deine Belange zu benutzen, und wirst zunehmend autonomer und gesünder. Darüber hinaus erlangst du mehr und mehr Erkenntnisse darüber, wie die Zusammenhänge in deinem Körper, Geist und der Welt um dich herum sind. Du öffnest dich von deinem kleinen egobezogenen Schutzmodus hin zu einem offenen, fürsorglichen und authentischen Sein. Egoistisch zu sein ist genau das, was dein Gegenüber wahrscheinlich gerade an den Tag legt, denn es steckt nicht selten eine versteckte Botschaft darin: »Sei wieder für MICH da!« Diejenige Person braucht dich für die Stärkung ihres Ichs, die Pflege und das Aufmöbeln des eigenen Ichs, auch durch das Anzapfen und Benutzen der Kraft von jemand anderem. Die Person gesteht dir nicht deinen Raum zu, sondern fordert deine Aufmerksamkeit und Energie für sich selbst ein. Verdreht, oder? Das ist auch der Grund, warum es sich so erschöpfend anfühlt.

Das Training in Selbstmitgefühl geht sehr tief. Es gibt dir die Werkzeuge an die Hand, dich als Mensch in deinem vollen Potenzial zu entwickeln. Du wirst mehr und mehr zu dem werden, der du bist: ein echter, klarer, zentrierter und eigenständiger Mensch mit einem offenen und freien Herzen – ohne Manipulationsversuche, ohne Maske, ohne Schnörkel –, und so auch immer weniger anfällig für die Manipulation anderer.

Da sein inmitten aller Dinge

Wenn du bemerkst, dass du dich mal wieder im Hamsterrad der Produktivität und Sinnhaftigkeit befindest, gestatte dir bewusst auszusteigen und auch mal die Gänseblümchen am Wegesrand zu betrachten, die Wolken am Himmel, das Licht des neuen Tages und die sich verändernden Farben der Dämmerung. Muße und Stille zu erleben heißt: einfach schlicht da sein, dabei sein, mit dir sein, inmitten aller Dinge sein. Dir liebevolle Aufmerksamkeit schenken.

Eine wunderbare Übung, die ich dir jetzt in diesem Zusammenhang gerne vorstellen möchte, ist die Gehmeditation. Sie hilft dir, dich bewusst mit der Erde und dem Himmel zu verbinden und ruhig inmitten des Trubels der Welt zu wandeln. Sie ist sehr heilsam für ein erhitztes Gemüt und bringt uns sanft in die Langsamkeit unseres körpereigenen Rhythmus zurück.

Der Rhythmus deines Atems – der Rhythmus deines Lebens. Wenn wir aus dem Rhythmus gekommen sind, sagen wir: »Wir hecheln hinterher.« Wir kommen außer Atem. Die Gehmeditation verbindet dich wieder mit dir und deinem Rhythmus und mit dem der Welt. Es ist eine bewegte Übung der Muße, und manchen Menschen hilft sie sehr, sich in schwierigen Zeiten zu zentrieren, wenn das stille Sitzen in der Meditation nicht möglich ist. Such dir dazu einen Platz, an dem du auf und ab gehen kannst. Es kann dein Wohnzimmer oder der Flur im Büro sein. Am schönsten ist es sicherlich, diese Übung draußen in der Natur zu machen, auf einem Waldweg oder auf einer Wiese. Schau, was es für Möglichkeiten für dich gibt. Du kannst selbst nach Machbarkeit und Vorliebe entscheiden, ob du die Schuhe anlässt oder lieber barfuß übst, ob du mit der gesprochenen Anleitung übst oder dir einfach den folgenden Übungstext durchliest und dann ganz frei übst. Von Herzen wünsch ich dir viel Freude mit der Übung!

Die Gehmeditation

Stell dich auf einen Platz, der dir im Augenblick angenehm ist. Es kann gerade am Anfang sehr hilfreich sein, dich unbeobachtet zu fühlen. Du solltest vor dir gut fünf bis zehn Meter Platz haben (das sind fünf bis zehn normale Schrittlängen). Damit dich deine Hände nicht stören, leg sie einfach aufeinander auf den Bauch oder verschränke sie auf deinem Rücken. Alternativ kannst du sie auch einfach an deinem Körper locker herabhängen lassen oder in deine Jacken- oder Sweatshirt-Taschen stecken. Hosentaschen eignen sich nicht so gut, da sie zu nah am Körper sind. Aber probier es einfach selbst aus, was für dich gut passt. Hauptsache ist, dass deine Hände und Arme dich nicht stören.

Stell dich nun ganz bewusst auf die Erde. Deine Füße stehen parallel zueinander. Fühle den Boden unter dir und verteile dein Gewicht gleichmäßig auf beide Fußsohlen. Sei dir bewusst: Du stehst auf der Erde, auf diesem Planeten.

Nun spüre, wie dein Körper von deinen Füßen an in den Raum wächst, richte dich würdevoll und doch entspannt auf. Beuge deine Knie ein wenig, gerade so viel, dass du nicht mit durchgestreckten Beinen dastehst. Solltest du deine Augen gerade geschlossen haben, öffne sie nun bitte wieder. Dein Blick ruht vor dir auf dem Boden in einem für dich bequemen Abstand, so dass du nirgendwo dagegenläufst, dich aber auch nicht mit all den optischen Reizen deiner Umgebung beschäftigst.

Beginne nun mit dem Gehen, dabei ist es ganz gleich, ob du mit dem rechten oder linken Bein startest. Mach es so, wie es sich für dich gerade stimmig anfühlt. Und das geht so: Heb mit der nächsten Einatmung einen Fuß an und mach einen kleinen Schritt nach vorne. Atme während dieses Schritts vollständig ein. Sobald deine Ferse den Boden berührt, lass deinen Atem wieder sanft ausfließen und roll dabei den Fuß ab. Mit der nächsten Einatmung heb den anderen Fuß an, mach wieder einen kleinen Schritt. Sobald die Ferse den Boden berührt, atme aus und roll den Fuß ab. Wichtig ist, dass du die Schritte mit deiner Atmung koordinierst. Dein Atem ist dein Taktgeber. Mach kleine Schritte, das hilft dir, dein Gleichgewicht zu halten. Es kann sich am Anfang etwas wackelig und unsicher anfühlen. Gib deinem Körper Zeit, sich daran zu gewöhnen. Diese Gehmeditation sollte für einen Betrachter so aussehen, als würdest du ganz gemächlich flüssig schlendernd vor dich hin gehen. Es sollte also eine gleichmäßige, unauffällige, nur etwas langsame Vorwärtsbewegung sein. Wenn dir das viel zu langsam vorkommt, kannst du auch eine kleine Variante versuchen: Einatmend und ausatmend machst du jeweils einen Schritt. Beispiel: einatmend rechts/ausatmend links, einatmend rechts/ausatmend links.

Geh ungefähr fünf bis zehn Meter (oder so lang du magst). Wenn du am Ende deiner Strecke angekommen bist, bring beide Füße zusammen, halte kurz inne und fühle den Boden unter dir. Dann wende dich um. Lass dabei deinen Blick über die Umgebung streifen, ohne an irgendetwas festzukleben. Nun geh die Strecke auf die gleiche Weise wieder zurück.

Spüre den Boden unter dir, wie er dich trägt. Er macht keinen Unterschied, wer du bist, was du kannst, welchen Titel du hast und ob du heute »gut« und »erfolgreich« warst. Er trägt dich auch, wenn du dich hinsetzt und die Übung abbrichst. Lass dich tragen.

Wenn du draußen oder gegebenenfalls sogar mit nackten Füßen gehen solltest: Spüre die Erde, spüre das Gras. Erlaube dir, auf dieser Erde zu wandeln. Um dich herum sind Geräusche, Menschen fahren vielleicht auf Fahrrädern an dir vorbei, joggen oder gehen mit ihrem Hund spazieren. Die Welt bewegt sich um dich herum. Das Wetter ändert sich. Die Sonne wärmt deinen Rücken, Wind streichelt deine Haut, Regen fällt, und du kannst das Prasseln auf den Blättern und auf deiner Jacke hören, schmeckst die Tropfen auf deinen Lippen. Vögel zwitschern, Autos fahren vorbei, du hörst die Stadt oder den Wald. Sei inmitten von alldem! Höre, rieche, spüre, schmecke, schau – doch ohne an irgendetwas kleben zu bleiben. Sei dir der Flüchtigkeit dieser ganzen Reize bewusst. Lass sie durch dich hindurchziehen. Lass sie da sein und lass sie gehen, wenn sie aus deinem Bewusstseinsfeld wieder verschwinden. Hänge ihnen nicht künstlich in Gedanken hinterher, indem du dir Geschichten dazu erzählst oder Assoziationen bildest. Lass die Dinge kommen und gehen, wie es ihre Natur ist. So wie auch du ein Teil davon bist. Du wandelst auf dieser Erde. Du bist Teil dieser Welt, genauso wie jeder Grashalm, jeder Vogel, jede Person und jeder Stein, der seit Urzeiten da ist.

Zum Abschluss der Übung möchte ich dich einladen, noch einen Augenblick bewusst innezuhalten, dich hinzustellen oder dich aufrecht und bequem auf den Boden zu setzen und nun noch einmal bewusst deinen Platz zwischen Himmel und Erde einzunehmen und zu spüren. Du bist da. Die Erde ist da. Der Himmel ist da. Alles bewegt sich um dich herum. Es summt und brummt, plätschert und knattert. Alles darf so sein. Und du bist inmitten von alldem. Du gehörst dazu. Die Erde trägt dich, und der Himmel wölbt sich über dir.

Wenn du magst, leg dir eine Hand auf deinen Herzraum und formuliere einen für dich jetzt stimmigen Wunsch. Sprich ihn laut oder leise oder auch nur innerlich für dich aus. Spüre dich, die Wärme deiner Hand und die Verbundenheit mit dir.

Nun nimm einen tiefen Atemzug und beende die Übung für dich, langsam und vorsichtig. Bewege deine Beine und Füße, auch wenn du gestanden hast, mögen sie jetzt vielleicht etwas steif sein. Gib dir Zeit und bewahre dir die Erfahrung des »Inmitten-Seins«, so lange es dir möglich ist.

Ein paar Hilfestellungen

Auch wenn es dir anfänglich lang vorkommt, gib dir und deinem Organismus etwas Zeit für die Übung. Anfänglich bist du erst mal so sehr mit der Koordination von Atmung und Füßen beschäftigt, dass du das Ganze wahrscheinlich eher als nervig und weniger als angenehm oder meditativ empfinden wirst. Dein Blick ist offen und dient dir als Orientierungshilfe, damit du nirgendwo dagegenläufst. Die Gehmeditation ist jedoch keine Sightseeing-Tour durch dein Zimmer oder deinen Garten, auch wenn es noch so verlockend ist. Bleib mit deiner Aufmerksamkeit bei deinem Atem und dem Zusammenspiel von Atem, Beinen und Füßen.

»Wo ist nun der meditative Aspekt?«, magst du dich fragen. Der kommt dann hinzu, wenn dein Geist anfängt abzuschweifen und sich wieder mit anderen Dingen beschäftigt. Dann machst du genau das, was du auch in der Atemmeditation schon geübt hast: Du bringst deine Aufmerksamkeit über die bewusste Verbindung mit den Empfindungen des Körpers wieder zurück ins Hier und Jetzt. Du kannst nun deinen Atem fühlen, aber eben auch die Empfindungen, die du an deinen Füßen beim Abrollen spürst, wie sich der Untergrund unter deinen Fußsohlen anfühlt und welche Muskeln alle zusammenspielen, damit du das Gleichgewicht hältst. Wahrscheinlich wirst du bemerken, dass du ungeduldig wirst und vielleicht schneller gehen möchtest. Normalerweise gehen wir, um irgendwohin zu kommen. Jetzt fehlt dieses Ziel. Das kann sehr merkwürdig sein, einfach so vor sich hin zu gehen. »Was soll das?«, magst du dich fragen. Doch wie wäre es, wenn jeder Schritt, den du tust, schon bereits ein Ankommen ist? Was passiert mit deiner Ungeduld, wenn du dich auf dieses Ankommen, das bewusste Spüren des Stückchen Bodens einlässt, auf dem dein Fuß gerade steht? Was passiert mit deinem Streben nach irgendwohin, wenn du ganz bewusst da bist, wo du bist? Schritt für Schritt, Moment für Moment – da sein. Übe Schritt für Schritt ganz da zu sein, mit jedem Schritt im Jetzt anzukommen, wirklich anzukommen.

Sich selbst nähren durch die Kostbarkeit des Augenblicks

Vielleicht ist es dir schon ganz von selbst während der Gehmeditation passiert: ein Gefühl der Dankbarkeit! Dankbar für die Wärme der Sonne auf deiner Haut nach einem langen Winter – dankbar für das erste Vogelgezwitscher – dankbar dafür, deinen Körper bewegen zu können – dankbar, dass dein Körper einfach so atmet und dich ohne großes Zutun am Leben hält – dankbar für deine Freiheit, dich mit diesen Dingen auseinandersetzen zu können – dankbar für deine Gesundheit – dankbar für den Gärtner, der die Wiese gemäht hat – dankbar für den Regen, der die Blätter so schön glitzern lässt und dass sie ihren Duft verströmen ...

Es gibt so vieles, wofür wir dankbar sein können. Dankbarkeit hat die Kraft, unser Herz zu öffnen und ganz weit werden zu lassen, so dass wir wieder verbunden sind mit uns und der Welt um uns herum. Gerade wenn wir das Gefühl haben, abgeschnitten zu sein und beengt im Herzen, oder wenn wir unser Leben als leer und defizitär erleben, schafft Dankbarkeit die Brücke von Mangel hin zu Fülle.

Wir sind neben all den stressigen und unangenehmen Situationen unseres Lebens eingebunden in ein großes Wunder. Es ist immer alles gleichzeitig vorhanden, das Schöne und das Unangenehme, das Freudvolle und das Schmerzhafte. Die bewusste Übung in Dankbarkeit hilft uns, bewusst die Aspekte unseres Lebens zu sehen und wertzuschätzen, aus denen wir Kraft schöpfen, mit denen wir unser Herz und unsere Seele nähren können. Auch hier hilft uns die Natur: Je häufiger wir uns darin üben, Aspekte in unserem Leben zu finden, für die wir dankbar sind, desto leichter wird es uns fallen. Wir werden wie von selbst auch immer mehr finden, was uns mit Dankbarkeit erfüllt. Wir üben uns in Dankbarkeit, und die Welt wird immer wunder-voller! Es liegt an uns, diese wertvolle Spur in unserem Gehirn zu legen.

Und so möchte ich dich inspirieren, jeden Tag mindestens drei Aspekte deines Lebens zu finden, für die du dankbar bist. Es reichen schon ganz kleine Erlebnisse oder Dinge, wie eine Tasse Tee in Ruhe getrunken zu haben, ein Lächeln von einem Fremden, die Tür aufgehalten bekommen zu haben, ein freundlicher Gruß am Morgen mit dem Gefühl, gesehen worden zu sein, der Duft von frisch gemähtem Gras oder deiner Lieblings-Bodylotion. Vielleicht hast du feststellen können, dass du heute mal kein Kopfweh hattest, oder der Moment, in dem du realisiert hast, dass du dich mit dir mehr zu Hause fühlst.

Wenn du gerade etwas gefunden hast, für das du dankbar bist, verweile in der Situation und verstärke dein freudvolles Gefühl. Gib dir Zeit und verweile in der Situation, beispielsweise indem du die Situation bewusst betrachtest und ganz mit all deinen Sinnen aufnimmst, indem du bewusst den leckeren Duft riechst, die schöne Stimme genießt, das Musikstück ganz bewusst hörst, vielleicht auch dazu tanzt. Gib deinem Gehirn Zeit, sich damit zu verbinden und passende Glückshormone auszuschütten. Schreibe diese Momente oder Aspekte deines Lebens auf, und jeden Abend, bevor du einschläfst, vergegenwärtige sie dir noch mal. Ja, du bist dann in der Aktivität der Erinnerung. Du kannst sie nun bewusst nutzen. Erinnere dich an die Situationen, und erlaube dir, sie so plastisch und freudvoll zu fühlen, wie es dir möglich ist. Halte dieses freudvolle Gefühl so lange aufrecht wie möglich. Das übt dein Gehirn noch einmal darin, die dazu passenden freudvollen Verbindungen zu stärken, deine Wahrnehmung auf die schönen Aspekte deines Lebens zu richten und dich zukünftig mit noch mehr Glücksbotenstoffen zu versorgen. Ich wünsche dir von Herzen eine freudvolle Woche voller Geschenke.

Deine Übungen für die siebte Woche:

- *Übe die Meditation für den Umgang mit schwierigen Emotionen und die Gehmeditation an sechs von sieben Tagen im Wechsel. Wie immer justiere die Pausenzeiten nach deinem Bedarf.*
- *Übe die Atem-, Mitgefühls- oder Selbstakzeptanz-Meditation, wann immer du magst.*
- *Solltest du den Body-Scan und Yoga üben wollen, dann versuch sie probehalber in dieser Woche mal ohne CDs durchzuführen. Auch wenn du vielleicht mal eine Übung vergisst, ist das nicht schlimm.*
- *Finde jeden Tag mindestens drei Aspekte deines Lebens, für die du dankbar bist, und halte sie so lange wie möglich bewusst in deiner Wahrnehmung.*
- *Praktiziere informell im täglichen Leben, das heißt: Sei achtsam und mitfühlend mit dir verbunden, was auch immer du gerade tust.*
- *Tu dir selbst gut. Schau, was du brauchst und wie du für dich stimmig und alltagstauglich sorgen kannst, dich deinem Bedürfnis entsprechend wirklich zu nähren, zu versorgen, zu heilen und zu beruhigen. Setz dies für dich um.*

Woche 8

Dein neues Leben liegt vor dir!

Mitgefühl ist unser bestmöglicher Schutz, und wie die großen Meister der Vergangenheit immer schon wussten, ist es auch die größte Quelle der Heilung.

Sogyal Rinpoche

Herzlichen Glückwunsch! Du hast es geschafft. Du bist nun in der letzten offiziellen Übungswoche angekommen. Wie fühlst du dich? Bist du froh, dass es nun zu Ende ist, oder eher etwas traurig? Falls du traurig sein solltest: Nun fängt das Abenteuer erst richtig an! Wenn du aber froh bist: Ab jetzt hast du die Möglichkeit, ganz frei für dich zu entscheiden, ob und wie viel Raum die Übungen in deinem Leben einnehmen. Wie auch immer, lass uns noch mal zurückschauen, wie die letzte Übungswoche für dich verlaufen ist. Wie ging es dir beispielsweise mit der Meditation zum Umgang mit Emotionen? Konntest du die Emotion körperlich spüren? War es immer wieder die gleiche Emotion, oder wechselten sie? Sind sie noch so faszinierend wie früher? Konntest du im Körper bleiben und sehen, was passiert, wenn du sie nicht dauernd mit schwelgenden oder kommentierenden Gedanken nährst? Oder warst du dem Sog deiner Gedanken erlegen, der dich immer wieder in »deine Story« hineingezogen hat? Musstest du die Meditation daraufhin vielleicht sogar abbrechen, weil deine Emotionen zu stark wurden? Das kann passieren. Insbesondere dann, wenn das Thema dich stark belastet. Dafür brauchst du noch mehr Übung und geistige Stärke. Sollte dir das passiert sein, sei bitte großzügig mit dir. Das ist vollkommen normal. Du kannst in solchen Fällen auch die Atemmeditation nutzen, um dich wieder zu stabilisieren. Verbinde sie nach Möglichkeit noch mit der Mitgefühlsmeditation, so dass du dich mit Selbstberührungen und Wünschen versorgst. Wichtig ist, dass du die gedanklichen Aufschaukelungsprozesse sofort unterbrichst. Es kann dir nichts passieren. Das, worüber du grübelst, ist längst vorbei. Es erzeugt jetzt »nur noch« eine Stresshormonausschüttung, die in dir starke Emotionen hervorruft. Das ist unangenehm, lässt dich weinen und dein Herz klopfen, aber es ist wie ein Alptraum in der Nacht. Werden wir wach, klopft das Herz zwar noch, doch die Bilder verblassen langsam, und wir beruhigen uns, denn es war nur ein Traum. Du magst schlimme Dinge erlebt haben oder dir vorstellen, sie in Zukunft zu erleben: Jetzt und hier sitzt du auf deinem Meditationsplatz. Jetzt und hier bist du in diesem Moment sicher. Spüre den Boden, spüre deine Hand auf deinem Herzen oder umarme dich. Spüre deinen Körper. Er ist lebendig. Spüre die tragende Kraft des Bodens, er stützt dich. Spüre die Wärme der umgelegten Decke, mit der du dir Geborgenheit schenkst.

Mit wachsender Übung wirst du mehr und mehr erleben, dass du emotionale Zustände befrieden und dich aus ihrem Sog befreien kannst.

Bestandsaufnahme – was hat sich verändert?

Gib dir bitte nun die Gelegenheit, die letzten Wochen noch einmal Revue passieren zu lassen. Mach dir ruhig dazu ein paar Notizen. Wie ging es dir, als du mit diesem Programm angefangen hast? Wie war dein Alltag gestaltet, wie war es um deine Gesundheit bestellt, und wie ging es dir psychisch? Was hast du verändert, um Zeit für deine Übungspraxis zu haben? Was hatte das für Auswirkungen auf dich, und wie ist dein Umfeld damit umgegangen? Welche Übungen haben dir besonders gut gefallen? Welche waren für dich hilfreich? Wahrscheinlich gab es auch Übungen, die du anfänglich nicht gemocht hast oder mit denen du erst einmal gar nichts anfangen konntest, die du dann aber im Laufe der Zeit schätzen gelernt hast. Welche waren das? Gab es in den letzten Wochen Momente, in denen es »klick« gemacht hat und dir etwas Wichtiges klargeworden ist? Was waren das für Momente und welche Auswirkungen haben sie auf dein (Er-)Leben? Wie sieht deine Situation jetzt aus? Was ist anders als vor acht Wochen? Wie geht es dir mit dir, mit deinen Gedanken, Emotionen und mit deinem Körper? Bitte honoriere jede Kleinigkeit, auch wenn sie dir fast unbedeutend vorkommt. Es sind häufig gerade die vielen Kleinigkeiten, die sich nahezu unmerklich in unserem Leben verändern, die dann aber für unser gesamtes System große Auswirkungen haben.

Hindernisse erkennen und mit ihnen umgehen

Wahrscheinlich gibt es auch noch so einiges, an dem du noch zu »knabbern« hast. Das ist ganz normal. Bitte behalte im Auge, dass dieses Programm dir in den acht Wochen eine Einführung in die Thematik gegeben hat. Es ist jedoch eine Lebenspraxis, und im Laufe deines weiteren Lebens kannst du nun deine Achtsamkeit und dein Selbstmitgefühl mit dir verfeinern. Große Lebensthemen brauchen von uns viel Geduld, Kraft und Übung. Ich vergleiche das gerne mit dem Besteigen eines sehr hohen Berges. Je höher der Berg, desto kleinere Schritte sind notwendig, um sicher oben anzukommen. Mit jedem Höhenmeter wird es anstrengender, und wir müssen unsere Kraft gut einteilen. Und doch – auch wenn man es kaum für möglich hält –, plötzlich ist man oben. Jeder Weg beinhaltet jedoch auch Stolperstellen und knifflige Wegabschnitte. Auch der Weg der persönlichen Entwicklung. An diesen Hindernissen und schwierigen Stellen entwickeln wir unsere Stärke und unser Geschick. Kein Leben ist einfach. Du hast nun sehr viele Werkzeuge an die Hand bekommen, um mit Schwierigkeiten umzugehen. Meiner Erfahrung nach ist es sehr hilfreich, sich die aktuellen Probleme klarzumachen – ohne Drama, eher faktenbezogen. Und so möchte ich dich bitten, dir nun auch noch mal etwas Zeit zu geben und aufzuschreiben, was für dich noch schwierig ist. Wo siehst du noch Entwicklungsbedarf? Womit möchtest du konstruktiver umgehen können? Schreib dir jede Schwierigkeit auf. Schreib auf, was es dir schwermacht, für dich zu sorgen. Welche Situation wünschst du dir? Wie soll sie aussehen, sich anfühlen? Was willst du hören, erleben, sehen? Dann schreibe konkret auf, was du tun oder lassen kannst, um dich in diese heilsame Richtung zu bewegen. Was davon wäre dein allererster Schritt? (Hier ist wichtig, dass du nur aufschreibst, was *du* tun oder lassen kannst – nicht dein Umfeld!) Woran kannst du erkennen, dass sich deine Situation in diese neue Richtung verändert hat?

Wir können Schwierigkeiten nur anpacken, wenn wir ihrer gewahr sind, ihre Facetten kennen, wenn wir sehen, wo es wirklich »hakt« (manchmal ist es nämlich nur eine einzelne Sache). Dann sollten wir konkret überlegen, was wir selbst tun oder lassen können, um die Schwierigkeit zu überwinden. Häufig bleiben wir in einer Problem-Trance stecken, wissen, dass wir gerade feststecken, jammern darüber, schauen auf das, was nicht läuft, erzählen allen anderen, was alles nicht funktioniert, machen uns aber keine wirklichen Gedanken darüber, wie es anders sein könnte und *was wir* dazu konkret tun könnten. Die Lösung liegt nie im Problem. Die Lösung liegt darin, dass wir uns vom Problem lösen und in die Richtung schauen, in die wir wollen. Wir können dann Schritt für Schritt das umsetzen, was es für das Erreichen des neuen Zustandes braucht. Weißt du, was besonders toll daran ist? Sobald du den ersten Schritt getan hast, hast du dich gelöst, und nichts ist mehr wie vorher. So einfach ist das. Du brauchst nur einen Schritt zu tun. Wir warten häufig auf den großen Durchbruch und sind ganz enttäuscht, dass er nicht kommt. Wir übersehen dabei, dass sich bereits vieles schon im Kleinen verändert hat, ohne dass wir es mitbekommen haben.

Den Weg weitergehen

Mit dem Ende dieses Buches beginnt etwas Neues, etwas ganz Wichtiges: dein Leben in Verbundenheit mit dir. Du bist nun auf dem Weg, und er wird sich weiter und weiter mit jedem deiner Schritte entfalten. Der Anfang ist bereits gemacht, nun brauchst du einfach nur noch weiterzugehen. Dabei bist du jetzt vollkommen frei, wie du die Übungen für dich weiter umsetzt. Du kannst alle Übungen miteinander kombinieren, je nachdem, wie es dir gerade geht und was du brauchst. Du kannst auch wählen, welchen Schwerpunkt du jetzt den Übungen einräumst. Vielleicht ist gerade das Thema Akzeptanz für dich wichtig, und so übst du mehr die Akzeptanz-Meditation. Es kann auch sein, dass du während der Praxis plötzlich merkst, dass du unter einer emotionalen Belastung stehst; dann kannst du in die Meditation mit Emotionen wechseln und sie anschließend noch mit der Atemmeditation und mit heilsamen Wünschen abschließen. Du bist frei, und es geht genau darum, dass du für dich einen Umgang mit den Übungen findest, der für deine jeweilige Lebenssituation passend ist. Am leichtesten wird es jetzt wahrscheinlich sein, die formellen Praktiken weiterzuüben, die sich in der letzten Zeit für dich als stimmig herauskristallisiert haben. Übe sie täglich oder zumindest jeden zweiten Tag. Wie viel Zeit du dir für diese Übungen gibst, liegt nun bei dir. Du kannst sie mit oder ohne CD-Begleitung üben. Sollte dir die Anleitung einmal fehlen oder du dich unsicher fühlen, du hast immer die Möglichkeit, auf die CDs zurückzugreifen. Das kann insbesondere dann hilfreich sein, wenn du müde bist oder sich dein Leben krisenhaft zuspitzt und du dir mehr Führung und Halt in deiner Praxis wünschst oder wenn du einfach das Bedürfnis hast, versorgt zu werden. Ja, auch dafür zu sorgen, versorgt zu werden, ist Selbstmitgefühl, denn es gibt einfach Zeiten, in denen brauchen wir Unterstützung von anderen, weil wir selbst zu wenig Kraft für uns haben. Du hast nicht versagt, wenn du müde und niedergeschlagen bist. Es ist ein Zeichen von Stärke, dir das ein- und zuzugestehen und dann dafür zu sorgen, dass du Unterstützung bekommst.

Hier ein paar Empfehlungen, wie du deine begonnene Praxis weiter festigen kannst:

- Wenn es für dich stimmig ist, behalte deine bisherige Übungsroutine bei oder wähle Übungen nun noch mal

geziet aus, mit denen du in deiner gegenwärtigen Lebenssituation weiter praktizieren möchtest.
- Mach möglichst nicht mehr als 72 Stunden Pause mit den Übungen, denn dann beginnt der Abbauprozess der neurologischen Verschaltungen, und es fällt dir dann schwerer, mit der Praxis wieder anzufangen.
- Solltest du mal einen Tag haben, an dem sich deine Übungsroutine überhaupt nicht beibehalten lässt, dann übe in ganz kleinen Einheiten, zum Beispiel fünf Minuten Mitgefühls- oder Atemmeditation, bevor du das Haus verlässt; drei Minuten Mitgefühls-Atemraum vor einer schwierigen Besprechung; Hand aufs Herz und einen freundlichen Wunsch für dich formulieren, wenn du merkst, dass es dir nicht gutgeht; Kurz-Body-Scan beim Warten am Bahnsteig, ein bis drei Yoga-Übungen zum Runterkommen nach einem hektischen Tag (du kannst danach immer noch auf die Couch). Lass einfach diese kleinen Einheiten öfter mal in deinen Tag einfließen, so bleibst du mit dir fürsorglich und achtsam-mitfühlend verbunden.
- Benutze die CDs, so lange du magst. Wenn du längere Zeit mal ohne CDs geübt hast, kann es spannend sein, noch mal mit ihnen zu praktizieren. Du wirst die Anleitungen wahrscheinlich noch einmal anders wahrnehmen. Manchmal vergisst man Anweisungen oder versteht sie mit wachsender Übungserfahrung auf eine andere, tiefere Art und Weise.
- Fühle während des Tages immer wieder bewusst deinen Atem und verbinde dich mit dem gegenwärtigen Moment.
- Nutze zwischendurch immer wieder die beruhigende und zentrierende Kraft der Selbstberührung und der heilsamen Wünsche.

- Pflege Momente der Stille im Laufe deines Tages. Sei es eine Minute oder eine halbe Stunde. Plane diese Zeit bewusst in deinen Tag als deine »heilige Zeit« ein.
- Lasse dich durch Literatur weiter inspirieren. Hilfreiche und erprobte Literatur findest du im Anhang.
- Es kann helfen, sich mit anderen Praktizierenden zusammenzutun, sich zum Beispiel einer Yoga- bzw. Meditationsgruppe anzuschließen. Auch wenn du es vielleicht nur einmal im Monat oder noch weniger schaffst, dorthin zu gehen, bist du zumindest in einem lockeren Kontakt. Das kann sehr stabilisierend wirken.

Was kannst du tun, wenn du die Praxis verlierst

Erfahrungsgemäß passiert es, dass nach der ersten Anfangseuphorie die Praxismotivation etwas nachlässt. Das ist normal. Die Flitterwochen sind vorbei, der Alltag hat uns wieder, und alles, was uns anfänglich neu und wunderbar erschien, ist nun normal geworden. Die Praxis wird verschoben, denn es geht uns gut – bis plötzlich das Gleichgewicht kippt und wir eines Morgens feststellen, dass wir wieder in alten, destruktiven Mustern gelandet sind. Keine Panik! Du hast alles, was du brauchst, um wieder anzufangen. Dein Organismus wird sich schnell wieder erinnern. Nimm das Buch wieder aus dem Schrank, lies in einem Kapitel, was für dich gerade ansprechend ist, leg eine der CDs ein und hör dir einfach eine der Meditationen an, während du gemütlich im Sessel oder auf der Couch sitzt. Vermeide dabei jeden Anspruch, perfekt meditieren zu wollen. Lass dich einfach inspirieren, und dann schau, wie du nun weitermachen möchtest. Wähle eine Meditation aus, die für dich jetzt brauchbar und hilfreich ist, und übe sie für die nächsten Tage. Vielleicht magst du auch Yoga oder den Body-Scan noch mal ausprobieren und entscheidest dich, diese auch wieder in den Tag einzubauen. Mach erst einmal wenig, so dass die Hürde nicht so hoch ist, und dann kannst du dich immer noch entscheiden, wieder täglich zu praktizieren. Wähle aus, was du gerade üben möchtest. Du kannst auch diesen achtwöchigen Kurs wiederholen. Für viele ist es so, dass sie beim zweiten Durchgang noch mehr Facetten entdecken, die anfänglich für sie nicht zugänglich waren. Deine Erfahrung wird sich mit der Wiederholung also weiter vertiefen und die Praxis mehr festigen. Du kannst, dank der verschiedenen Variationsmöglichkeiten, dem Programm immer wieder eine etwas andere Gewichtung in der Praxis geben. Mal ist es für dich wichtig, mit deinen Emotionen stärker zu arbeiten; in anderen Lebenssituationen stehen deine Gedanken im Vordergrund; oder du brauchst eher die Akzeptanz; in wieder anderen Lebensbereichen übst du dich in einem sanften, mitfühlenden Herzen und den Wünschen. Du kannst mit diesem Programm dein Leben lang weiterüben. Außerdem kann ich dich nur ermutigen, dir auch Literatur und Übungs-CDs von anderen Lehrern zuzulegen und mit ihnen zu üben. So erweiterst du dein Spektrum und kannst dich weiter inspirieren lassen. Wenn ich beispielsweise merke, dass mir die Inspiration verloren geht (ja, das passiert auch Lehrern hin und wieder einmal), dann habe ich eine Auswahl an Büchern, die mir bisher immer gutgetan und mich inspiriert haben. Meistens wähle ich sie intuitiv aus, schlage sie einfach irgendwo auf und beginne zu lesen. Eine meiner Lieblingsautorinnen ist Pema Chödrön, die ich dir ebenfalls sehr ans Herz legen möchte. Du findest einige inspirierende Bücher im Anhang als Literatur-Empfehlungen.

Wir sind nun am Ende des Programms angekommen. Es war mir eine große Freude und Ehre, dich begleiten zu dürfen. Ich hoffe, du konntest einiges für dich mitnehmen und in dein Leben einpflegen. Von ganzem Herzen wünsche ich dir alles nur erdenklich Liebe und Gute auf deinem weiteren Weg. Und solltest du einmal nicht weiterkommen, dann freu ich mich von dir zu hören. Deine Maren! ☺

Mögest du glücklich sein,
mögest du frei sein,
mögest du friedlich sein,
mögest du gesund sein,
mögest du aufrecht im Sturm stehen,
mögest du die Sanftheit und Liebe zu dir entdecken,
mögest du in Schönheit auf der Erde wandeln,
mögest du das tägliche Wunder deines Lebens begreifen,
mögest du dein wahres Wesen erkennen,
mögest du in dir zur Ruhe kommen.

Deine Übungen ab der achten Woche:

- *Erhalte und vertiefe deine achtsame Mitgefühlspraxis im Alltag, wie es für dich und deinen Alltag stimmig ist.*
- *Nutze während des Tages immer wieder die heilsamen Wünsche und den Mitgefühls-Atemraum.*
- *Übe möglichst täglich oder zumindest jeden zweiten Tag eine der Übungen.*
- *Lass dich durch Literatur weiter inspirieren.*

Service-Teil

Der 8-Wochen-Übersichtsplan

1. Woche

- Übe den Body-Scan sechs Tage mit der dem Buch beiliegenden CD.
- Iss eine Mahlzeit am Tag in Achtsamkeit, ähnlich wie die Rosine.
- Beobachte, in welchen geistigen Verweilzuständen du dich gerade befindest (Zukunft, Vergangenheit, Gegenwart; Drama oder Ignoranz).
- Fertige dir eine Merkliste der acht Grundlagen der selbstmitfühlenden Achtsamkeit an und lass die Punkte in deinem Tag als Inspiration mitlaufen.

2. Woche

- Übe auch in dieser Woche den Body-Scan sechs Tage mit der CD.
- Übe an sechs Tagen zusätzlich auch die Sitzmeditation mit Achtsamkeit auf den Atem mit CD. Du kannst die Meditation vor oder nach dem Body-Scan üben oder sie auch auf eine andere Tageszeit legen und vom Body-Scan getrennt üben. Probiere aus, was für dich gerade passend ist.
- Übe Achtsamkeit während der alltäglichen Aktivitäten: Wähle dir eine Tätigkeit aus wie zum Beispiel das Zähneputzen, das Schuheanziehen, Brotschmieren, Duschen, Gesichteincremen, Kaffeekochen ... und führe sie in fürsorglicher Achtsamkeit aus.

3. Woche

- *Übe den Body-Scan und am anderen Tag Yoga im Wechsel für sechs von sieben Tagen.*
- *Übe die Atemmeditation an sechs Tagen in dieser Woche bitte selbständig ohne CD für insgesamt 15 Minuten. Stell dir dazu einen Wecker oder deinen Handy-Timer. Übe bitte nicht länger als vorgesehen, auch wenn es dir vielleicht leichtfällt oder Freude bereitet. So bleibst du freudig motiviert. Sollte es dir mal sehr lang vorkommen, mach in der Mitte der Zeit eine kleine Pause. Reck und streck dich, lass deinen Blick von rechts nach links und wieder zurück über die Zimmerdecke streifen, nimm einen Schluck Tee oder Wasser (bitte vorher bereitstellen), und dann fahre mit der Meditation erfrischt fort.*
- *Achte in dieser Woche mal auf deine Stressreaktionen. Erkenne, in welchem Modus du gerade bist, im Alarm-, Begierde- oder Fürsorge-/Beruhigungsmodus? Woran kannst du sie erkennen? Mach dir dazu ruhig ein paar Notizen.*
- *Schöne Grüße an deinen Schweinehund! Denk daran: einfach MACHEN!*

4. Woche

- *Übe, wie auch in der vergangenen Woche, Body-Scan und Yoga im Wechsel an sechs von sieben Tagen.*
- *Übe zusätzlich an sechs Tagen die Mitgefühlsmeditation. Du kannst sie mit der Atemmeditation kombinieren, beispielsweise indem du vor und nach*

der Mitgefühlsmeditation noch ein paar Minuten auf deinen Atem achtest. Du kannst dafür die CD bei der Atemmeditation zu Beginn des Tracks so lange anhalten, wie du für dich in Stille meditieren möchtest, und dann mit der Anleitung wieder fortfahren, wenn es für dich stimmig ist – genauso am Ende der Meditation. So bist du flexibel in deiner Übungsgestaltung.
- Übe dich dreimal pro Tag im mitfühlenden Atemraum zu möglichst festgelegten Zeiten. Es geht erst einmal nur darum, dass du diese Übung für dich verinnerlichst, so dass sie dir später zur Verfügung steht, wenn es mal schwierig wird und du dich damit zentrieren und versorgen kannst. Empfehlenswert sind der Moment des Aufstehens, auf der Bettkante sitzend, die Mittagspause und dann noch mal zum Abschluss des Tages, der Moment, wenn du zu Bett gehst.
- Werde dir deiner verinnerlichten destruktiven Sprach-, Denk- und Verhaltensmuster bewusst, und woher oder von wem du sie übernommen hast.
- Übe dich in heilsamen Wünschen. Sei es in einer Übung (Body-Scan/Yoga) oder im Alltag. Solltest du einen selbstkritischen Gedanken entdecken, setze ihm einen heilsamen, konstruktiven Wunsch entgegen.

5. Woche

- Langsam kommt mehr Flexibilität in deine Übungen. Übe Body-Scan oder Yoga nach eigenem Ermessen. Entscheide selbst, ob und welche Übung du an dem Tag praktizieren möchtest. Das kann

auch bedeuten, dass du dich entscheidest, für diesen Tag oder auch für mehrere Tage kein Yoga oder Body-Scan zu üben.
- Übe allerdings bitte an sechs Tagen im täglichen Wechsel die Meditation des offenen Gewahrseins und die Mitgefühlsmeditation mit der CD. Mach wie immer bei Bedarf Gebrauch von deiner Fernbedienung zur Steuerung der für dich stimmigen Pausenzeiten.
- Werde dir deiner destruktiven Gedankenmuster bewusst.
- Benutze den mitfühlenden Atemraum, um dich zu zentrieren und zu versorgen, wenn es dir gerade nicht gutgeht, wenn du anfängst zu grübeln oder wenn du in Stress gerätst. Bitte erwarte von dir noch keine Wunder ... die brauchen bekanntlich etwas länger.

6. Woche

- Übe die Mitgefühls- und Selbstakzeptanz-Meditation an sechs Tagen im Wechsel. Du kannst sie wieder mit der Atemmeditation kombinieren, indem du einfach die stille Zeit selbständig deinem Bedarf anpasst.
- Übe Body-Scan oder Yoga, wann immer du magst. Entscheide jeweils, welches von beiden dir gerade lieber ist oder in der Situation stimmiger erscheint.
- Übe dich informell im täglichen Leben in Selbstakzeptanz, wann immer du bemerkst, dass es dir nicht gutgeht oder die Situation schwierig für dich wird.

7. Woche

- Übe die Meditation für den Umgang mit schwierigen Emotionen und die Gehmeditation an sechs von sieben Tagen im Wechsel. Wie immer justiere bei Bedarf die Pausenzeiten nach deinem Bedarf.
- Übe die Atem-, Mitgefühls- oder Selbstakzeptanz-Meditation, wann immer du magst.
- Solltest du den Body-Scan und Yoga üben wollen, dann versuch sie probehalber in dieser Woche mal ohne CDs durchzuführen. Auch wenn du vielleicht mal eine Übung vergisst, ist das nicht schlimm.
- Finde jeden Tag mindestens drei Aspekte deines Lebens, für die du dankbar bist, und halte sie so lange wie möglich bewusst in deiner Wahrnehmung.
- Praktiziere informell im täglichen Leben, das heißt: Sei achtsam und mitfühlend mit dir verbunden, was auch immer du gerade tust.
- Tu dir selbst gut. Schau, was du brauchst und wie du für dich stimmig und alltagstauglich sorgen kannst, indem du dich deinem Bedürfnis entsprechend wirklich nährst, versorgst, heilst und beruhigst? Setz dies für dich um.

8. Woche

- *Erhalte und vertiefe deine achtsame Mitgefühlspraxis im Alltag, wie es für dich und deinen Alltag stimmig ist.*
- *Nutze während des Tages immer wieder die heilsamen Wünsche und den Mitgefühls-Atemraum.*
- *Übe möglichst täglich oder zumindest jeden zweiten Tag eine der Übungen.*
- *Lass dich durch Literatur weiter inspirieren.*

Dank

Ich danke allen meinen Teilnehmern, Schülern und Klienten von Herzen für die vielen Erfahrungen, die wir gemeinsam machen durften und durch die wir alle gewachsen sind. Jeder Einzelne von euch hat so dazu beigetragen, dass dieses Buch entstehen konnte. Jeder Prozess, jede Frage, jede Schwierigkeit und jeder Erfolg, an dem ich teilhaben durfte, sei es im Kurs, im Seminar, Retreat oder in der Einzelarbeit, hat mich sehr berührt, und ich bin stolz auf jeden Einzelnen, der mit mir durch seine Prozesse gegangen ist und heute noch geht. Ich fühle mich reich beschenkt, diese Arbeit machen zu dürfen.

Mein tief empfundener Dank gilt außerdem meinen geschätzten Herzenslehrern Lama Yeshe Sangmo, Lama Drime Öser und Lama Dordje Drölma. Prägend für mich waren ebenso Lama Gendün Rinpoche, Lama Walli, Lama Sönam Lhündrup, Lama Tsony Francis, Thich Nhath Hanh, Pema Chödrön und Trungpa Rinpoche deren Belehrungen mein Verständnis der Praxis prägen und mich sehr inspirieren. Aus der westlichen Achtsamkeitspraxis seien unbedingt genannt: Jon Kabat-Zinn, Saki Santorelli, Mark Williams und Linda Lehrhaupt.

Ebenso danke ich Frank für sein Dasein und für seine Gabe, das Schönste in mir zum Vorschein zu bringen und in zauberhaften Bildern festzuhalten, sowie für eine berührende Zeit voll erfrischender Lebendigkeit, Kreativität, Inspiration, Humor und unvergesslichen Erlebnissen. Ein großes Dankeschön geht auch an meine Familie, insbesondere an meine Mutter (ich denke besonders an unser spontanes Brainstorming beim Kaffeetrinken), an meine Herzensfreundinnen Diana und Andrea (was haben wir nicht alles schon miteinander durchgestanden), an Andreas Klaus vom O.W. Barth Verlag für seine Freundschaft, die herzliche, humorvolle und inspirierende Betreuung sowie das sehr sensible und stimmige Überarbeiten des Manuskripts, an Tom Peschel für seine unkomplizierte und präzise Aufnahmearbeit sowie an Ursula Richard, die meine Füße sicher und stabil in die Verlagswelt gesetzt hat. Von Herzen danke schön! Möge dieses Buch dich, lieber Leser, liebe Leserin, inspirieren und hilfreich auf deinem Lebensweg sein.

Adressen

Sollten Sie nach einem Lehrer oder Kurs-Angebot in Ihrer Region suchen oder sich für eine Ausbildung in diesem Bereich interessieren, können Sie hier fündig werden:

MBSR/MBCT-Verband, Muthesiusstr. 6,
D-12163 Berlin
Tel. 0049 (0) 30 79 70 11 04
www.mbsr-verband.org

Arbor-Seminare GmbH, Alice-Salomon-Str. 4,
D-79111 Freiburg
Tel. 0049 (0) 761 89 62 91 10
www.arbor-seminare.de

Kurse, Seminare und Retreats mit der Autorin:
Institut für Achtsamkeit Düsseldorf
Maren Schneider, Bahlenstr. 42,
D-40589 Düsseldorf
Tel.: 0049 (0) 211 220 41 26
info@mbsr-duesseldorf.de
www.achtsamkeit-duesseldorf.de

Autorenhomepage von Maren Schneider:
www.maren-schneider.com

Literatur

Achtsamkeit & Meditation:

Die Praxis der Achtsamkeit, Mahathera Henepola Gunaratana; Heidelberg: Kristkeiz 1996

Im Hier und Jetzt zuhause sein, Thich Nhat Hanh; Berlin: Theseus 2006

Achtsamkeit für Einsteiger – Buch mit CD, Maren Schneider; München: O.W. Barth 2016

Crashkurs Meditation. Anleitung für Ungeduldige - garantiert ohne Schnickschnack – Buch mit CD, Maren Schneider; München: Gräfe und Unzer 2012

Entdecke den Buddha in dir! Schwierige Situationen gelassen meistern, Maren Schneider; München: Knaur 2015

Seelenstärke – Der achtsame Weg zu Regeneration und Heilung, Maren Schneider; München: Kailash 2014

Stressfrei durch Meditation – Das MBSR-Kursbuch nach der Methode von Jon Kabat-Zinn – Buch mit 2 CDs, Maren Schneider; München: O.W. Barth 2012

Achtsamkeit & Mitgefühl:

Selbstmitgefühl entwickeln. Liebevoller werden mit sich selbst, Christine Brähler; München: Scorpio 2015

Beginne, wo Du bist, Pema Chödrön; Freiamt: Arbor 1997

Die Weisheit der Ausweglosigkeit, Pema Chödrön; Freiamt: Arbor 2004

Wenn alles zusammenbricht, Pema Chödrön; München: Goldmann-Arkana 2001

Selbstmitgefühl Schritt für Schritt, Kristin Neff; Freiamt: Arbor 2014

Selbstmitgefühl, Kristin Neff; München: Kailash 2012

Mitfühlend leben, Erik van den Brink, Frits Koster; München: Kösel 2012

Der achtsame Weg zur Selbstliebe. Wie man sich von destruktiven Gedanken und Gefühlen befreit, Christopher Germer; Freiamt: Arbor 2011

Die Buddha-Box. Buddhistische Lebensweisheit für den Alltag – Buch mit Merkkärtchen und Meditations-Download von der Webseite, Maren Schneider; München: Gräfe & Unzer 2015

Heilsame Wünsche und Segen formulieren:

Jedes Wort kann ein Segen sein: Heilsame Segenswünsche selbst verfassen, Jennie Appel; Darmstadt: Schirner 2014

Möge dein Weg gesegnet sein: Segen, die deine spirituelle Entwicklung begleiten, Dirk Grosser; Darmstadt: Schirner 2015

Bücher zu Achtsamkeit, Meditation und Hirnforschung:

Ein neues Ich. Wie Sie Ihre gewohnte Persönlichkeit in vier Wochen wandeln können, Joe Dispenza; Burgrain: Koha 2015

Das Gehirn eines Buddha. Die angewandte Neurowissenschaft von Glück, Liebe und Weisheit, Rick Hanson & Richard Mendius; Freiamt: Arbor 2010

Selbstgesteuerte Neuroplastizität. Der achtsame Weg, das Gehirn zu verändern (Buch mit 3 CDs), Rick Hanson; Freiburg: Arbor 2014

Meditation für Skeptiker: Ein Neurowissenschaftler erklärt den Weg zum Selbst, Ulrich Ott; München: O.W. Barth 2011

Bücher zu transgenerationalem Trauma:

Die vergessene Generation: Kriegskinder brechen ihr Schweigen, Sabine Bode; Stuttgart: Klett-Cotta 2016
Kriegsenkel: Die Erben der vergessenen Generation, Sabine Bode; Stuttgart: Klett-Cotta 2016
Nachkriegskinder: Die 1950er Jahrgänge und ihre Soldatenväter, Sabine Bode; Stuttgart: Klett-Cotta 2016
Vererbte Wunden: Transgenerationale Weitergabe traumatischer Erfahrungen, Marianne Rauwald; Weinheim: Beltz 2013

Inhalt der CDs

CD 1:
1. Intro
2. Die Rosinen-Meditation
3. Der Body-Scan mit Selbstmitgefühl
4. Die Atemmeditation
5. Meditation mit schwierigen Emotionen

CD 2:
1. Das Selbstmitgefühls-Yoga
2. Der mitfühlende Atemraum
3. Offenes Gewahrsein
4. Die Mitgefühlsmeditation
5. Die Selbstakzeptanz-Meditation
6. Die Gehmeditation

Quellen

Zitat S. 183 aus: Gendün Rinpoche: *Herzunterweisungen eines Mahamudrameisters*, Norbu Verlag, Badenweiler 2010, S. 190.

Zitat S. 28 aus: Thich Nhat Hanh: *Im Hier und Jetzt zuhause sein*, © herausgegeben, zusammengestellt und übersetzt von Ursula Hanselmann, Theseus in Kamphausen Mediengruppe GmbH, Bielefeld 2016, S. 6.

Zitat S. 102 aus: Khalil Gibran: *Der Prophet*. Aus dem Englischen von Giovanni und Ditte Bandini. © der deutschsprachigen Ausgabe: dtv Verlagsgesellschaft, München 2002.

Zitate S. 155 und S. 171 aus: Pema Chödrön: *Die Weisheit der Ausweglosigkeit*. Aus dem Englischen von Stephan Schuhmacher. © der deutschsprachigen Ausgabe: Arbor Verlag, Freiburg 2004, S. 28/33.

Zitat S. 73 aus: Drukpa Rinpoche: *Tibetische Weisheiten*. Aus dem Englischen von Stephan Schuhmacher, hrsg. von Jean-Paul Bourre. © 1996 Presses du Châtelet.

Zitate S. 49 und 209 aus: Sogyal Rinpoche: *Das tibetische Buch vom Leben und vom Sterben*. Aus dem Englischen von Thomas Geist und Karin Behrendt. © der deutschsprachigen Ausgabe: Knaur Verlag, München 2010, S. 45 und S. 231.

Zitat S. 127: Ephides, entnommen aus: Ilse Maly: *Blüten als Chance und Hilfe,* Selbstverlag 1995, S. 9.

Maren Schneider

Stressfrei durch Meditation

Das MBSR-Kursbuch nach der Methode von Jon Kabat-Zinn

Maren Schneider hat den berühmten 8-Wochen-Kurs in MBSR (mindfulness-based stress reduction) erstmalig klar und übersichtlich zusammengefasst.

Die einfachen Erläuterungen, ein präziser Wochenplan und die wichtigsten Meditationen auf zwei CDs bilden eine effektive Kombination. Die speziellen Achtsamkeits-, Atem- und Yoga-Übungen können so von jedem selbständig zu Hause nachvollzogen werden.

O.W. BARTH ✸